마을에서
경계 없이
다정하게

아름다운재단
변화의시나리오
인큐베이팅
04

마을에서 경계 없이 다정하게

발달장애청년허브 사부작

초판 1쇄 발행 2023년 10월 25일

지은이   홍세미
펴낸이   김삼수
편 집   김소라
디자인   황수진

펴낸곳   아모르문디
등 록   제313-2005-00087호
주 소   서울시 마포구 월드컵북로5길 56 4F
전 화   070-4114-2665
팩 스   0505-303-3334
이메일   amormundi1@daum.net
ISBN   979-11-91040-32-6
         978-89-92448-76-5 (세트)

마을에서
경계 없이
다정하게

발달장애청년허브 사부작

홍세미 지음

아모르문디

마을에 발달장애청년 허브를 상상하다

발달장애청년들은 학교를 졸업하면 사회적 관계가 뚝 끊어집니다. 주변에 마땅히 만날 사람도 없고 갈 곳도 없으니 집에서만 지내는 경우가 많지요. 돌봄의 책임은 고스란히 가족이 안게 되고, 대부분 여성인 엄마의 몫으로 돌아갑니다. 그러다 가족이 도저히 돌볼 여력이 안 되면 당사자의 의사와 상관없이 시설로 보내져요. 그렇게 성인 중증발달장애인 대부분은 지역에 살더라도 집에 고립되어 지내거나, 시설에서 사회와 격리된 채 살아갑니다.

서로 돌보는 공동체 삶을 지향하는 성미산마을도 상황은 크게 다르지 않았습니다. 그런데 점차 작은 움직임이 일기 시작했지요. 지역에서 고립된 채 지내던 한 발달장애청년을 외면하지 않고 안부를 궁금해하며, 뭐라도 함께 해보자고 먼저 손을 내민 이웃이 있었어요. 그것을 계기로 발달장애 자녀를 둔 부모와 관심 있는 마을 주민이 모였고 사부작이 만들어졌습니다. 사부작 멤버들은 매주 만나서 발달장애청년이 마을에서 살아가는 모습을 상상했어요. 서로의 생각을 자유롭게 쏟아내며 밤을 지새운 날도 많았지요.

발달장애청년이 마을에서 편히 쉴 수 있는 공간이자, 주민들도 드나드는 사랑방 같은 곳이 있으면 좋겠다고 생각했어요. 이웃과 자연스레 만날 수 있도록 말이죠. 발달장애청년과 함께 동네를 산책하고 시장에서 군것질도 하고 카페에도 가는, 그렇게 가벼운 일상을 같이 하는 마을 친구가 많이 생기면 좋겠다고 생각했지요. 마을 친구랑 동네 여기저기를 돌아다니다 단골 가게도 하나둘 만들고요.

그러다 마을의 비장애 주민들이 동아리를 만들어 좋아하는 활동을 함께 하듯이, 발달장애청년도 이웃과 더불어 동아리 활동을 즐기면서 사회적 관계를 만들어가면 더할 나위 없겠다는 생각에 이르렀습니다. 발달장애청년들이 거리를 활보하며 존재를 드러내는 데 더없이 좋은 방법 같았어요. 그러기 위해선 마을에 발달장애청년과 이웃을 연결하는 허브가 꼭 필요했지요. 사부작 활동가들은 각자 마을 활동을 하며 다양한 관계망을 다져왔으니 우리야말로 그 일에 딱이라고 자신했어요.

다정하게 관계를 잇고 확장하는 사람들

2018년 11월 14일, 사부작은 아침부터 집들이 준비로 북적였습니다. 먹을거리를 준비하고 활동 사진들을 공간 안팎으로 걸어놓으니 잔칫집 분위기가 물씬 났지요. 사부작이 마을 주민들과 지인들의 도움으로 함께주택 1층에 입주한 것이 그해 7월이었으니 다소 늦은 집들이였어요. 한 달 전부터 동네방네 집들이 한다고 소문을 냈는데, 막상 당일이 되자 이웃들이 찾아오지 않아 썰렁하면 어쩌나 걱정도 되었어요. 그러나 해가 기울자 한 사람 두 사람 모여들더니 사부작 공간과 작은 정원까지 순식간에 마을 친구들로 가득 찼지요.

"사부작 주변에 아름다운 이웃들이 얼마나 많은지 실감한 하루입니다."

활동가의 벅찬 멘트로 행사가 시작되었고, 사부작청년들과 이웃들의 공연으로 한껏 흥이 올랐습니다. 그리고 사부작은 성미산학교 포스트중등 무경계 팀이 준비한 귀한 선물을 받았습니다. 사부작이 마을에서 서로의 경계를 허물고 이웃들과 다정한 관계를 맺길 바라는 마음을 담은 글과 그림.

'경계 없이 다정하게 사부작사부작.'

그렇게 사부작은 지역의 발달장애청년과 이웃을 '경계 없이 다정하게' 연결하는 허브가 되었습니다. 우린 발달장애청년들과 관계를 만들어가는 이웃을 '길동무'라고 부르기로 했어요. 사부작은 길동무와 발달장애청년들이 동아리 활동을 하도록 지원하거나, 길동무 단체와 협력하여 청년의 마을 활동을 만들어내기도 합니다. 길동무는 청년의 비장애 형제, 학교 동창, 활동지원사, 마을 주민 그리고 지역의 단체와 옹호가게까지 점차 범위가 커지고 있어요. 길동무 각자가 맺고 있는 다양한 관계 속으로 청년들을 초대해서 또 다른 관계로 이어진다면 지역에 좀 더 촘촘하면서도 넓은 관계망이 만들어지겠지요. 그 긴밀한 그물망 안에서 발달장애인은 안전하고 자유롭게 살아갈 수 있을 테고요. 이런 관계망은 발달장애인뿐만 아니라 아이에서 노인까지 지역 구성원 모두에게 필요합니다.

마을에서 함께 나이 들어갈 수 있다면

사부작이 마을에 자리 잡고 나서 사부작청년들의 일상은 많이 달라졌습니다.

아침에 눈을 뜨면 오늘은 사부작에 가서 저녁까지 있겠다는 계획을 세우고 활동지원사에게 몇 번이고 다짐을 받는 청년이 있는가 하면, 마을 활동을 하며 만난 사람들에게 사부작 동아리 '모던양파'에서 그린 그림을 자랑스럽게 소개하는 청년도 있지요. 마을 친구들이 있어 다른 곳으로 이사 가기 싫다는 청년도 있고요.

사부작청년들이 안전한 관계망 안에서 마을 친구와 서로 기대어 나이 들어가는 모습을 상상해봅니다. 그것은 사부작의 활동가이거나 길동무이면서 마을 주민인 모두가 꿈꾸는 모습이기도 해요.

"사부작에서 하고 있는 일들은 곧 제가 마을에서 살고 싶은 모습과 연결돼요. 나이가 들어 혹시나 치매에 걸리고 장애가 생겨도 배제되지 않고, 마을 안에서 어울릴 수 있는 기회를 박탈당하지 않고, 지금과 마찬가지로 살면 좋겠어요."

여전히 이웃 동네에선 학교를 졸업한 후 30여 년 동안 외부 활동하나 없이 집에서만 고립되어 지내온 발달장애인 이야기가 들려옵니다. 그럴수록 사부작의 이야기가 더 널리 퍼져나가길 바랍니다. 혼자서는 할 수 없었던 일을 여럿이 상상하며 사부작거리면 가능해지는 경험을 나누고 싶습니다. 누군가의 일상을 고민하는 일은 결코 가볍지 않은 책임과 배움이 따르는 끝없는 과정이지만, 같이 고민하는 마을 친구들이 있으니 그 여정이 외롭지만은 않습니다.

모두에게 감사하며

사부작을 기록하는 것은 사부작 사람들의 이야기를 듣는 과정이었습니다. 지나온 여정 곳곳에 놓인 흔적들에 새삼 흥분하고 감동하고 반성하는 시간이기도 했고요.

이 책이 나오기까지 정성스러운 마음을 내주신 모든 분께 감사 인사를 전합니다. 아름다운재단과의 만남으로 사부작은 마을에서 맘껏 상상하고 실험할 수 있었어요. 사부작 이야기가 책으로 나올 수 있게 도와준 아름다운재단에게 감사드립니다. 사부작의 마을살이 이야기를 잘 담아내고자 애써주신 아모르문디 김소라 편집자님과 이야기를 멋진 그릇에 담아내주신 디자이너 메리께도 감사드려요. 기록을 위해 인터뷰에 기꺼이 참여해주신 사부작청년들, 길동무들, 초기 활동가들에게 온 마음을 다해 감사를 전합니다. 우리에겐 의원보다 혜영이란 이름이 더 편한 장혜영 님, 바쁘신 중에 힘이 되는 글 보내주셔서 고맙습니다. 사부작 사람들의 이야기에 깊이 공감하며 기록해준 홍세미 작가님 고맙습니다. 서울 대전을 오가며 정말 고생하셨어요. 마지막으로 여러 차례 인터뷰와 글 작업에 참여한 활동가들, 진심으로 감사합니다.

이 자리를 빌려 마을 사람들에게도 고마운 마음을 전하고 싶어요. 사부작 시작을 함께 기뻐한 사람들, 지금의 공간에 입주할 수 있도록 품을 내준 사람들, 사부작의 공연마다 함께 춤추고 노래한 사람들, 사부작에 들러 안부를 묻고 고민을 나눈 사람들, 사부작청년들과 함께한 길동무들, 사부작의 든든한 지원군 운영위원들, 사부작을 물심양면 응원하는 사람들, 그리고 몸은 멀리 있어도 항상 관심을 가지고 지켜보고 있는 모두에게 감사합니다.

특히 사부작청년들에게 감사해요. 당신들은 함께하는 주변 사람들에게 관계에 대한 질문을 던지고 끊임없이 고민하게 만들어요. 그래서 사부작사부작 마을의 문화를 바꾸게 하는 이들입니다.

이 책이 다른 지역의 누군가에게 발달장애인의 일상을 고민하고 관계를 잇는 불씨가 되어주길, 그래서 그 불씨를 살릴 이웃들과 만날 수 있길 기대해봅니다.

2023년 10월
감사의 마음을 담아 사부작 활동가 소피아

　　나의 꿈 사부작

　　안녕하세요. 저는 사부작청년 혜정의 한 살 많은 언니 혜영입니다. 저는 지난 2017년 여름부터 동생 혜정과 함께 서울시 마포구 합정동 주민으로 살아가고 있습니다. 그 전까지 혜정은 어린 시절 장애인 거주시설에 보내져 18여 년을 지냈습니다. 자신의 의지와 무관하게 어릴 때부터 사회와 격리되어 오랜 시간 시설에서 살아온 혜정의 삶을 '마음 아프지만 어쩔 수 없는 일'로 치부하며 내버려둔 채로는 도저히 행복하게 살아갈 자신이 없어, 저는 늦게나마 혜정의 탈시설을 결심하고 도왔습니다. 그리고 이런 과정이 단순히 우리 가족의 사적인 일이 아니라 이 사회 변화의 일부가 되기를 바라는 마음으로, 혜정과 함께 지역사회에 좌충우돌 적응해가는 과정을 〈어른이 되면〉이라는 다큐멘터리와 책으로 기록해 세상에 내놓았습니다. 성미산마을 그리고 '사부작'과의 소중한 인연도 다큐멘터리 〈어른이 되면〉을 통해 시작되었습니다.

　　혜정과 함께 시설 밖의 삶을 고민하고 준비하면서 깨달은 가장 중요한 사실은 모든 자립의 전제가 의존이라는 것입니다. 사람들은 흔히 발달장애인은 언제나 누군가에게 의존해야 하므로 자립할 수 없다고 생각하지만, 발달장애인을 비롯해 모든 사람은 의존 없이는 자립할 수 없습니다. 다만 차이가 있다면 우리 사회의 비장애인들에게는 살아가는 데 필요한 적절한 의존의 환경을 만들어갈 수많은 기회가 주어지지만, 발달장애인들에게는 그런 기회가 아주 적게 주어지거나 거의 주어지지 않는다는 점입니다. 그중에서도 가장 부족한 것은 가족 이외의 타인과 관계를 맺을 기회입니다.

혜정이 이 사회를 살아가는 한 명의 시민으로서 자립하기 위해서는 돈도 필요하고 밥도 필요하지만, 무엇보다 필요한 것은 혜정을 소중하게 여기고 살피는 사람들로 이루어진 관계망입니다. 그러나 혜정은 서른이 되도록 가족을 빼고는 논밭이 펼쳐진 한적한 시골 동네 야산 꼭대기에 세워진 시설에서 만난 사람들 말고는 누구하고도 관계 맺을 기회가 없었습니다. 시설을 벗어난 혜정에게는 당연히 가족 외의 사회적 관계가 전무했기에, 탈시설 이후 제가 가장 많이 공들인 일은 저의 친구를 혜정의 친구로 만드는 일이었습니다. 친구들을 초대해 함께 밥을 해 먹고 노래를 부르고 애니메이션을 보며, 저의 관계를 혜정에게 엮어주기 위해 노력했습니다. '혜영의 동생 혜정'이 '내 친구 혜정'으로 변화하기를 바라는 간절한 마음이었습니다.

그러면서 저는 남몰래 꿈을 꾸었습니다. 지금껏 제가 혜정이 모르는 많은 사람들과 관계를 맺고 좋은 추억을 만들며 살아왔듯이, 언젠가는 혜정도 제가 모르는 자신의 친구들과 자기만의 추억을 차곡차곡 쌓아가는 날이 오기를 말입니다. 얼마나 오랜 시간이 걸릴지 모르지만, 언젠가는 꼭 제가 모르는 좋은 사람들과 좋은 날들로 가득한 혜정의 세계가 생겨나기를 가슴속 깊이 바랐습니다.

그런데 멀게만 느껴졌던 그 꿈이 놀랍게도 몇 년 후 사부작을 통해 현실이 되었습니다. 2018년 연두와 소피아가 성미산마을에 발달장애청년들이 모일 수 있는 공간을 만들기 위해 씨앗자금을 모금한다는 소식을 듣고 참여할 때만 하더라도 사부작의 미래가 구체적으로 어떤 모습일지 상상하기 어려웠습니다. 하지만 2023년인 지금, 사부작은 적지 않은 발달장애청년들이 일상적으로 오가는 마포구 성산동의 알뜰한 기지이자 발달장애청년들과 마을 사람들을 연결하는 어엿한 '허브'가 되었습니다. 그렇게 연결된 이들 중에 사랑하는 저의 동생 혜정도 있습니다.

이제 혜정은 평일 아침에 눈 뜨면 활동지원사 석류를 기다리며 사부작 갈 생각부터 하는 자타 공인 '사부작 마니아'가 되었습니다. 그리고 사부작에 갔다 오면 늘 사부작 얘기를 합니다. 사부작에서 누구를 만났다, 사부작에서 커피믹스를 털어 먹었다, 사부작에서 어디를 누구랑 가서 훌라를 췄는데 거기서 커피믹스를 두 개 털어 먹었다, 사부작이, 사부작에서, 사부작 갔다가, 사부작에서 오는 길에, 사부작 사부작…. 혜정은 사부작을 통해 제가 모르는 자신만의 세계를 만들어가고 있습니다. 자기가 말한 것을 다른 사람이 따라 말해주는 것을 좋아하는 혜정 덕분에 저는 사부작의 '사이다 동생(왠지 진짜 동생은 아닐 것 같지만)', '연두 동생(절대로 동생이 아니라는 것을 이미 알고 있지만)', '냐옹이', '선샤인아놀드훌라'에 대해 알 수 있습니다. 새로운 사람과 장소가 등장할 때마다 혜정과 석류에게 누구이고 무엇인지를 묻고 설명을 듣습니다. 설명은 대개 단편적이고 들어도 무슨 얘기인지 모를 때가 많지만, 듣다 보면 왠지 눈물이 날 듯한 기분이 되곤 합니다. 저는 알지 못하는 혜정의 세계가 구체적인 사람, 장소, 사건들과의 만남 속에 영글어가고 있기 때문이겠지요.

어떻게 이런 일이 가능했을까요? 사부작을 만들어가는 사람들이 혹시 남들 몰래 마법이라도 부리는 걸까요? 다른 곳에는 없는 사부자만의 특별한 서비스나 프로그램이 있는 걸까요? 물론 사부작에는 '버블버블텍'이나 '선샤인아놀드훌라', '모던양파', '옹호가게프로젝트'처럼 다른 곳에서 본 적 없는 멋진 프로젝트들이 많습니다. 하지만 혜정을 사부작 마니아로 만든 진짜 매력은 특별한 프로그램이나 서비스가 아니라 사부작이라는 공간이 지닌 태도가 아닐까 조심스레 생각해봅니다.

사부작은 장애인에게 무언가를 '제공'하거나 '교육'하는 곳이 아니라, 그곳을 오가는 사람들이 서로의 삶을 공유하는 곳입니다. 마을에서 발달장애인과 함께 경계 없이 다정하게 살아가고 싶은 여러 사람들의 일상이 모여들고 연결되는 곳입니다. 그들 중에는 발달장애인도 있고 비장애인도 있습니다. 성미산마을의 오랜 주민도 있고 이

제 막 마포구에 이주해 살기 시작한 사람도 있습니다. 여성도 남성도 50대도 20대도 있습니다. 활발한 사람도 조용한 사람도 있습니다. 저마다 다르지만 이곳에서 어울리며 즐겁게 살아가고픈 마음만큼은 모두 비슷합니다. 사부작은 기약 없는 미래를 준비하는 대합실이 아니라, 모두의 현재가 어우러지는 일상의 무대입니다.

사부작이 처음 생겼을 때 혜정은 사부작에 자주 가는 편이 아니었습니다. 가더라도 행사가 있을 때 저와 같이 잠시 다녀오는 정도였습니다. 사부작이 생긴 것은 무척 반가웠지만, 저는 성미산마을에 오래 살던 사람이 아니라는 자격지심에 마을 안의 공간에 들어가 친한 척(?)을 하는 것이 무척 어색했습니다. 또 혜정이 어딘가 새로운 곳을 간다면 꼭 저와 함께 가야 한다는 의식도 강했습니다. '내가 없으면 어떻게 돌변할지 모르는데', '만일 나 없는 사이에 나쁜 일이 일어나면 어떡하지?', '사부작 사람들이 혜정을 싫어하진 않을까' 하는 불안이 제 마음 한구석에 자리 잡고 있었습니다. 혜정에게 새로운 세계가 생기기를 바라는 마음과 모순되는 것이었지만 걱정을 쉽게 떨칠 수 없었습니다. 또 한편으로는 사부작이 발달장애 당사자의 가족들이 주축이 되어 만든 공간이라는 점이 묘하게 속상하기도 했습니다. 국가와 사회의 부재 속에 장애인에 대한 돌봄을 담당하는 것은 결국 가족이라는 현실을 있는 그대로 보여주는 것 같았기 때문입니다.

하지만 이런 막연한 불안과 걱정은 흐린 하늘을 가득 채운 구름이 사라지듯 조금씩 옅어졌습니다. 어쩌면 여기에 사부작의 마법이 있는지도 모릅니다. 사부작은 조용하면서도 힘 있게 마을 안에서 싹을 틔웠고, 부지런히 옴짝거리며 사람들의 삶을 연결하고 가꾸었습니다. 제가 지나치게 많은 생각에 짓눌린 채 고민하고 망설이는 동안, 사부작의 사람들과 혜정은 서로의 삶에 사부작거리며 다가섰습니다. 저는 늦게나마 혜정을 통해 사부작이라는 놀랍고 소중한 세계를 오롯이 마주하게 되었습니다. 혜정을 포함한 사부작의 모든 사람들에게 진심으로 감사의 인사를 전하고 싶습니다.

저는 혜정과 함께 무사히 할머니가 될 수 있는 세상을 만들고 싶어 정치라는 세계에 뛰어들어 열심히 일하고 있습니다. 아직 세상은 많이 바뀌지 않았지만, 최소한 혜정은 제가 바빠진 만큼 저의 잔소리로부터 많이 해방되었습니다. 사부작이라는 세계, 사부작을 통해 확장된 혜정과 혜정의 친구들의 세계가 오랫동안 이어지고 더 넓어지기 위해서는 여러 제도적 변화가 필요합니다. '1동 1사부작'이라는 멋진 포부를 이루기 위해서는 더더욱 그렇습니다. 하지만 조바심부터 낼 필요는 없습니다. 일단은 사부작의 좋음을 알리는 이런 이야기가 널리널리 퍼지기를 바랍니다. 사부작이 찾아낸 함께 사는 삶의 가능성은 마포구 성산동 언저리에서 살아가는 우리들뿐만 아니라 발달장애인과 더불어 살아가고자 하는 모든 이의 가능성일 테니까요.

혜정의 언니 혜영

차례

4장

사부작의 활동
마을에서 사부작사부작

5장

사부작 수다회
우리가 가면 길이 된다

작가의 글

부록

차니

사부작 초기 멤버로 성실과 원칙의 아이콘이자 다정한 잔소리쟁이. 동네 책방에 납품하는 차니의 비건 쿠키는 없어서 못 먹는다는 소문이 있다. 틈을 보이면 곧장 콜라 협상을 당할 수 있으니 주의할 것.

혜정

춤과 그림을 좋아하는 예술가로 색 조합의 달인이자 패셔니스타. 탈시설 후 언니와 살고 있으며, 커피믹스 봉지째 털어 먹기를 즐긴다. 사부작을 들락거리며 커피 털어 먹을 곳을 늘려가는 중.

냐옹이

순천에서 상경, 자립해 사는 청년. 포유류라면 뭐든 다 그린다. 처음엔 그림 말고는 관심이 없다더니 이젠 퇴근하고 사부작에 들러 온갖 활동을 하고 있다.

마카롱

만화 그리기와 영상 만들기를 즐기는 자칭 사부작 아티스트. 모교인 성미산학교에서 그림 강사를 했고, 자신의 그림과 작품을 설명하는 것을 최고의 낙으로 여긴다.

피아노

인사를 잘해서 모르는 마을 사람이 없는 인싸 중의 인싸. 양모펠팅 그림으로 열두 번의 전시회를 연 중견작가이고 최근에 김수진 공방을 열었다. 모르는 노래가 없는 흥 부자이기도.

준하

어린 시절부터 성미산마을에 살고 있는 청소년. 누가 어디 살고 어디로 이사 갔는지 꿰고 있다. 자전거 타고 돌아다니기를 즐기고 롯데월드의 프렌치 레볼루션을 좋아한다.

1장

사부작의 청년들

— 개성 넘치는 청년들의 마을살이 —

차니의 일주일

꼼꼼한 실천가

차니는 언제 누굴 만나 어딜 가서 뭘 먹을지 달력에 써놓고 날마다 확인합니다. 어쩌다 머릿속에 그려놓은 계획이 어긋나기라도 하면 무척 힘들어해요. 그럴 때 주변 사람들은 이 상황을 어떻게 잘 넘길까 머리 굴리기 바쁩니다. 하지만 아주 가끔 차니는 누구도 예상하지 못한 융통성을 발휘하기도 하는데, 그런 순간 곁에 있던 사람이 어떤 반응을 보였을지는 그저 즐겁게 상상해볼 따름이지요.

길동무와 함께 마을 여기저기를 누비며 자신의 계획을 실천하는 차니의 어느 일주일을 소개합니다.

월요일

차니가 주민센터에 가는 날입니다. 지난 금요일 가게를 돌며 수거

한 종이팩을 주민센터에 가져가 휴지로 바꿔야 하니까요. 종이팩이 가득 담긴 가방을 양손에 든 차니와 길동무 자소리의 뒷모습이 자못 다정해 보입니다. 주민센터에 가면 공공일자리 어르신들이 반가워하시면서 종이팩을 저울에 올려 무게만큼 휴지를 주시지요. 종종 같이 간 사람에게 "참 좋은 일 하시네요" 하는데 '저도 즐거워요' 대답하기도 뭣하니 길동무는 그냥 웃고 말아요.

둘은 주민센터를 나와 시장으로 향합니다. 차니 집에 두부가 떨어진 모양이에요. 월드컵시장 두부 가게는 차니가 중학교 시절부터 다녔으니 무려 17년 단골이네요. 두부를 사서 꼬불꼬불한 골목길을 탐사하듯 요리조리 돌아 사부작으로 돌아오니 어느덧 늦은 오후입니다. 방에서 노래를 들으며 좀 쉬는가 싶더니, 차니가 성큼성큼 걸어 나와 외칩니다.

"다섯 시! 끝!"

차니의 퇴근 알람에 사부작 활동가들은 비로소 부랴부랴 노트북을 챙깁니다. 그렇게 차니의 월요일 일정도 마무리됩니다.

화요일

흐린 날이면 차니는 구름에 가려진 해를 찾아 골목을 서성입니다. 먼 하늘을 뚫어지게 바라보다 사부작으로 돌아오곤 하지요. 혹여 비가 올까 걱정되는지 오늘도 자꾸만 확인을 합니다.

"비 안 와요!"

사부작에 들어와서도 한 시간 남짓 머뭇거리던 차니는 마음을 가다듬고 베이킹 준비를 합니다. 오늘은 '동네책방 개똥이네책놀이터'에 머핀을 가져다주는 날이거든요. 차니는 특히 계량에 집중해요. 1그램의 오차도 허용하지 않지요. 완성된 머핀을 개똥이네에 가져가면 그대로와 너굴뽕이 맞아줍니다. 차니의 머핀은 손님들에게 엄청난 인기라서, 다음 날 통을 가지러 가면 다 팔리고 비어 있는 때가 더 많을 정도예요.

자소리와 함께 사부작으로 돌아오는 길, 멀리서 누군가 손을 번쩍 들고 "이정찬!" 외칩니다. 성미산학교 교사 사이다예요. 차니가 바삐 걸어가 말합니다.

"사이다, 저녁때!"

"오늘 저녁 같이 먹자고?"

이렇게 길에서 저녁 약속이 만들어지면 사이다와 차니, 소피아는 종종 사부작에서 같이 밥을 먹습니다. 가끔 누군가 지나가다 들어오면 얼른 숟가락 하나 더 놓고 그만큼 즐거운 식사가 되지요.

"달력 봐요!"

"일요일엔 내가 불고기 가져올 테니 불고기 먹자!"

"싫어요! 찜닭!"

차니는 식사 후에 항상 달력을 보며 바로 다음 약속을 잡습니다. 자기가 원하는 메뉴로 밀어붙이는 능력이 나날이 발전해서, 정신을 바짝 차리지 않으면 길동무는 매일 찜닭만 먹을 판입니다.

• 쿠키를 굽는 차니. 베이킹에는 한 치의 오차도 허용하지 않습니다.

수요일

"머리 잘라요."

차니는 오늘 미용실 가는 날로 정했습니다. 지저분하게 자란 머리카락을 보고 정하는 건지, 두세 달마다 다른 규칙을 가지고 정하는 건지는 알 수 없어요.

소피아가 사부작 근처에 있는 미용실 '머리연출'에 전화를 합니다. 기다리는 사람이 많으니 세 시에 오는 게 좋겠다고 하네요.

"세 시."

시간을 확인한 차니는 방에 들어가 유튜브를 보기 시작합니다.

머리연출과는 특별한 인연이 있어요. 10년 전 더치커피 공방에서 일할 때였어요. 차니는 마을 여기저기를 산책하다 공방으로 돌아오곤 했는데, 어느 날 한참을 돌아다니다 들어오는 차니를 보고 소피아가 깜짝 놀랐대요. 글쎄 말끔하게 이발이 되어 있던 거예요. 그때까지 차니 혼자 미용실에 가본 적도 없었던 데다 돈도 없이 외출했으니 놀랄 만도 했죠. 어느 미용실에 갔냐고 물으니 손을 쭉 뻗으며 저쪽이라 하길래 앞장세우고 따라가 보니 머리연출이었어요.

"들어와서 '머리 잘라요' 하길래 잘라줬죠. 가게 밖으로 엄마랑 다니는 것도 자주 보고, 성미산학교 학생들이랑도 많이 지나다녀서 낯이 익었어요. 혼자 와서 잘 자르던데 다음에도 혼자 보내세요."

그때부터 지금까지 차니는 머리연출에 혼자 가서 이발을 합니다. 당연히 머리연출은 마을의 옹호가게 중 하나가 되었고요.

세 시가 되자 차니는 벌떡 일어나 지갑을 챙기고 미용실로 향합니다. 깔끔하게 이발하고 자소리와 만나 개똥이네에 머핀 통을 가지러 간다는데, 오늘은 다 팔리지 않고 차니 먹을 머핀 한 개는 남아 있으면 좋겠네요.

목요일

'선샤인아놀드홀라' 모임이 있는 날입니다. 오늘처럼 화창한 날을 기다렸어요. 원래는 마을의 '공간릴라'에서 홀라춤을 추지만 가끔 날 좋으면 밖으로 나가지요. 평화공원 연못가 부드러운 흙을 맨발로 밟으며 사부작청년들과 길동무들이 자유롭게 홀라춤을 춥니다. 차니는 끝난 뒤 매점에서 간식 먹을 생각에 마냥 신이 나지요.

"평화공원 다음에 또 해요."

다음 홀라춤 모임도 평화공원에서 하자네요. 자주 밖으로 나와야 겠습니다. 청년들도 길동무들도 공원에서 소풍하듯 즐겁고 편안해 보이니까요.

모임이 끝나고 돌아와 방에서 쉬던 차니가 사부작 구석구석을 살피기 시작합니다. 그러더니 일회용 장갑을 끼고 화장실로 향해요. 누군가 휴지 심을 그냥 쓰레기통에 버린 모양입니다. 장갑 낀 손으로 휴지 심을 꺼내 재활용 통에 툭 넣습니다. 그런데 아뿔싸, 음료가 남은 병이 재활용 통에 들어 있네요. 이런 걸 가만둘 리 없죠. 당장 꺼내 깨끗이 씻어 말립니다. 차니는 사부작의 매서운 재활용 담당자니까요.

그러다 이번엔 한구석에 주민센터에서 받아 온 휴지가 쌓여 있는 게 딱 걸렸습니다.

"희망나눔 가요."

자소리와 차니는 사부작 이웃 단체 '마포희망나눔'에 휴지를 기증하러 갑니다. 아마 신비가 다정하게 맞아주겠죠? 휴지는 필요한 분들에게 전달될 테고요.

금요일

자소리와 차니는 종이팩 수거 가방을 챙깁니다. 카페와 빵집을 돌며 씻어 말려놓은 종이팩을 수거하는 날이에요.

빵집 '그랭블레'의 주인장과 점원은 열심히 빵을 만들다가 차니를 보고 반갑게 인사를 건네십니다. 그러곤 종이팩이 가득 든 가방과 빈 가방을 교환하지요. 차니는 볼일을 끝내고도 쉬이 자리를 뜨지 못해요. 단팥빵이 너무 맛있어 보여서죠. 그래서 언제부턴가 그랭블레에 종이팩을 수거하러 가면 꼭 단팥빵을 하나 사게 되었어요.

"만 원."

차니가 만 원짜리 지폐를 지갑에서 꺼내 건넵니다.

"2천 원입니다."

점원이 금고에서 천 원 지폐 여덟 장을 꺼내 들자 "싫어요!"를 외칩니다.

"아, 5천 원짜리를 드려야죠?"

• 옹호가게 '그랭블레'에서 계산을 하는 차니

맞아요. 차니는 항상 만 원짜리 지폐를 내고, 잔돈은 5천 원과 천 원 지폐를 섞어 받길 원합니다. 5천 원짜리 지폐가 좋아서인지, 그랭블레에서 처음 빵을 살 때 잔돈을 그리 받았기 때문인지는 알 수 없어요. 이제 그랭블레는 금요일 오후에 차니를 맞을 준비를 해요. 금고에 5천 원 지폐가 있나 확인하고 단팥빵 하나를 한쪽에 빼놓는 거죠. 종이팩 수거로 맺은 인연으로 그랭블레 역시 옹호가게가 되었어요.

"오빠!"

돌아오는 길, 어린 학생들과 사부작 앞을 지나가던 고요와 마주쳤어요. 고요는 차니 학교 후배이고 지금은 성미산학교 교사예요.

"머핀 맛있었어. 고마워!"

지난 수요일 학교에서 생일파티 간식으로 차니에게 머핀을 주문했었거든요. 고요 옆에 서 있던 어린 후배들도 수줍게 고맙다고 해요. 차니가 만든 머핀을 동생들이 맛있게 먹었다고 말해주니 오늘 일정은 해피엔딩입니다.

타고난 예술가 혜정

혜정이 좋아하는 것

혜정은 자신이 어떤 사람인지, 어떤 삶을 살아왔는지, 무슨 생각을 하는지 다른 사람들에게 잘 이야기해주지 않습니다. 물어보면 대답해줄 때도 있지만, 알쏭달쏭한 답일 때가 많지요. 그래서 사람들은 때로 수수께끼 풀듯이 혜정의 마음을 추측하곤 합니다. 하지만 결국 항상 같은 결론에 도달해요. "내가 어떻게 알겠어….."

그래도 확실히 알 수 있는 것들이 있어요. 혜정은 무엇을 좋아하고, 무엇을 하고 싶은지 분명하고 솔직하게 말하거든요.

"믹스커피 또 털어 먹고 싶어, 알았지?"

"모구모구(음료수) 사줘, 알았지?"

"성미산마을 갈 거야, 알았지?"

"오늘도 가서 저녁 먹고 오는 거야, 알았지?"

누군가 좋아하는 게 무엇인지 알고 나면 그 사람의 마음을 헤아리는 일이 한결 쉬워져요. 그래서 이제 사부작의 길동무들도 혜정의 기분을 어느 정도 헤아릴 수 있게 됐지요. 혜정은 커피와 음료수, 춤과 노래, 그림 그리기를 좋아하는 사람입니다. 좋아하는 걸 할 땐 좋은 표정을 짓고, 못 하게 되면 기분 나빠 하지요. 그런 혜정의 모습엔 어떤 가식도, 비밀도, 수수께끼도 없답니다.

혜정과 커피

커피를 빼고 혜정을 설명하는 건 고양이를 빼고 집사를 설명하는 거나 마찬가지예요. 그만큼 혜정은 커피를 사랑하고, 혜정의 삶에서 커피는 빼놓을 수 없는 존재랍니다. 아침에 잠에서 깬 혜정은 제일 먼저 티오피(커피 음료)를 찾아요. 그리고 사부작에 도착하면 우선 예전에 커피믹스를 보관하던 싱크대 뒤 찬장을 꼼꼼히 뒤진답니다. 요새 혜정은 마을 곳곳에 커피 털어 먹을 곳이 늘어나서 요일마다 커피믹스 먹으러 가는 시간표를 짰어요. 하루에 딱 하나씩만 먹자고 약속도 하고요.

혜정은 연두를 정말 좋아해요. 길동무인 석류에게 연두한테 전화해달라고 할 때도 많고, 연두네 집에 가서 저녁 먹고 밤 열 시가 될 때까지 놀다 오는 일도 흔해요. 그만큼 연두와 연두네 집이 편한가 봐요. 어느 날은 석류가 연두의 팔짱을 끼고 걸어가던 혜정에게 짓궂은 질문을 했어요.

석류 누나, 연두가 좋아, 커피믹스가 좋아?

혜정 커피믹스!

석류 진짜?

연두 뭐라고? 혜정 씨, 연두보다 커피믹스가 좋아요? 너무한 거 아니에요?

혜정 아니야. 연두가 좋아, 알았지?

재빨리 대답을 바꾸긴 했지만 이미 속마음을 들켜버린 뒤였죠. 뭐 어때요, 그래도 혜정의 주변엔 '어쩌면 나보다 커피믹스를 더 좋아하는' 혜정을 좋아하는 사람이 많은 걸요.

평등한 혜정

혜정만큼 모두를 평등하게 대하는 사람이 또 있을까요? 요새 혜정은 성미산마을에서 만나는 모든 사람을 공평하게 '동생'으로 불러요. 자기보다 2, 30년 오래 산 사람도 혜정에겐 똑같이 동생이에요. 사부작 활동가 소피아도 예외는 아니었어요.

혜정 소피아 동생~

소피아 네, 혜정 씨. 어, 그런데 소피아는 동생이 아닌데?

혜정 소피아 엄마~

소피아 하하하하! 엄마라니, 그것도 좋은데요? 괜찮은데, 하하!

혜정이 왜 엄마라는 호칭을 떠올렸는지는 몰라요. 하지만 덕분에 그 자리에 있던 모든 사람이 환하게 웃었답니다. 혜정은 주변 사람들은 배꼽 빠지게 만드는 재주가 있어요. 일부러 웃기려는 게 아니라 무심하게 웃음을 퍼뜨리고 다니죠.

한번은 혜정이 석류와 같이 연두의 집에 놀러 갔어요. 연두 집엔 라떼라는 이름의 예쁜 고양이가 있는데, 그날 혜정과 라떼는 소파에 고즈넉하게 앉아서 여유로운 시간을 보냈어요. 그런데 별안간 혜정의 한마디가 정적을 깨뜨렸지요.

"라떼야, 나 커피 털어 먹었지롱!"

혜정은 커피를 털어 먹었다고 자랑하길 좋아하는데, 아마 라떼에게도 그러고 싶었나 봐요. 모든 생명을 편견 없이 대하는 혜정처럼 세상도 우리도 그렇게 변한다면 얼마나 좋을까요?

혜정은 약속쟁이

어느 날 성미산학교 교사 사이다가 혜정을 학교로 초대해 같이 커피를 마시기로 했어요. 사이다는 커피를 따뜻한 물에 타주려 했지만, 혜정은 커피믹스를 재빨리 낚아채 입에 털어 넣었죠. 그날부터 사이다는 혜정이 가장 많이 찾는 사람 중 한 명이 됐어요.

혜정 있잖아, 내일 또 사이다랑 커피 털어 먹을래요. 알았지?

석류 누나, 우리 다음 주 목요일에 훌라춤 끝나고 가기로 했잖아.

혜정 내일 또 털어 먹고 싶은데?

석류 아니야, 목요일에 가자.

혜정 (새끼손가락을 내밀며) 목요일에 또 털어 먹어. 알았지?

석류 그래.

혜정 언제 약속했지?

석류 지금 약속했지.

혜정 응, 약속해. 알았지?

석류 또? 무슨 약속?

혜정 참된 약속!

석류 응. 참된 약속.

혜정 (또) 언제 약속했지?

석류 방금 했지. 누나 이제 그만….

하루에도 수십 번 약속하자고 새끼손가락을 내미는 혜정. 길에서 만난 강아지에게도 새끼손가락을 내미는 혜정. 혜정에게 약속은 어떤 의미일까요?

혜정의 자유

사부작과 혜정은 성미산마을극장에서 영화 〈어른이 되면〉 상영회가 열렸을 때 처음 인연을 맺었어요. 그때도 혜정은 커피를 좋아하고, 무대와 객석 사이를 마음대로 넘나드는 자유로운 사람이었죠.

그러나 혜정에겐 자유롭지 않은 시간이 있었습니다. 발달장애가 있다는 이유로 열세 살 때 장애인 주거시설로 보내져 2017년까지 무려 18년을 그곳에서 지냈거든요. 〈어른이 되면〉은 18년 동안 매일 같은 공간에서 같은 사람과 같은 일상을 보내던 혜정의 탈시설 과정을 담은 다큐 영화입니다. 정확히 말하면 탈시설 후 1년 동안 둘째 언니 그리고 친구들과 함께 살아가는 혜정의 이야기를 담았지요.

혜정이 시설을 나온 뒤 6년이 흘렀습니다. 그새 참 많은 일이 있었어요. 혜정은 한 번의 이사를 했고, 활동지원사는 세 번이나 바뀌었지요. 대통령도 바뀌었고, 생각 많은 혜정의 둘째 언니는 국회의원이 됐고요. 귀찮은 걸 너무나 싫어하는 혜정은 코로나19 시기를 겪으며 지하철을 타기 위해 주머니에서 직접 마스크를 꺼내 쓰는 사람이 되었습니다. 이렇듯 6년의 시간만으로도 우리의 삶은 참 많이 변하는데, 혜정의 '매일 똑같은 18년'은 과연 어떤 시간이었을까요?

열정적인 예술가

매주 목요일은 훌라춤 동아리 '선샤인아놀드훌라'가 모이는 날입니다. 혜정과 꽃다지, 냐옹이, 소피아, 아난도, 연두, 자소리, 준하, 차니, 피아노, 토끼, 길모, 딸기가 함께 가지에게 훌라춤을 배우지요. 이때마다 혜정이 특히 기다리는 시간이 있어요. 바로 개인 댄스 타임! 청년들이 직접 고른 노래에 맞춰 자기의 춤을 추는 시간이에요. 요사이 혜정이 꽂힌 노래는 김영철의 〈따르릉〉과 싸이의 〈젠틀맨〉이에요. 이 노래들이 나올 때만큼은 혜정이 모두의 몸짓을 이끌고, 모든 사람이 혜정의 춤을 따라 춥니다. 타고난 춤꾼처럼 박자에 따라 스텝을 밟으며 머리와 팔을 흔드는 혜정의 모습은 무척이나 자유로워 보입니다.

• 〈어른이 되면〉 상영회에 모인 마을 주민들

매주 금요일엔 그림 동아리 '모던양파'가 모여요. 혜정과 지원, 마카롱, 냐옹이가 그림을 그리죠. 요즘 혜정은 테트리스 모양을 그리는 데 푹 빠져 있답니다. 가지각색의 도형이 가로세로 얽히고설킨 테트리스처럼, 각양각색의 선이 격자무늬로 교차하며 독특한 모양을 이루는 그림이에요. 때론 대여섯 시간 동안 꼼짝하지 않고 문 닫힌 방 안에서 그림을 그리기도 해요. 갖가지 색으로 알록달록하게 물든 팔꿈치에서 미술에 대한 혜정의 열정이 느껴져요.

만남의 노동

일하는 시간도 일정하지 않고 일이 없을 때가 많지만, 이제 혜정도 때때로 돈을 벌기 시작했습니다. '마포돌봄네트워크' 참여 단체의 기념일에 편지와 생일 케이크를 배달하고, 가끔 옹호가게 활동이나 훌라춤 공연을 하면서 활동비를 받지요. 그렇게 한 푼 두 푼 번 돈은 쓰지 않고 차곡차곡 모아두고요. 그런데 한번은 혜정이 호의를 베풀어 연두와 석류에게 옹호가게인 '베로키오' 카페에서 음료를 사주었답니다. 평소랑 같은 음료였지만 그날따라 왠지 더 맛있었다고 해요.

돈을 번다는 건 그 자체로 자본주의 사회에서 의미 있는 일이에요. 하지만 혜정의 노동에 내재한 '진짜 가치'는 세상이 혜정을 만난다는 것입니다. 장애인을 시설에 가두고 그 존재를 지우는 세상에 장애인이 당당하게 모습을 드러내는 행위로서의 노동이지요. 혜정은 시설밖 사람들의 '표백된 삶'에 균열을 내고 그들을 '진짜 세상', 즉 장애인이 있는 풍경으로 인도하는 해방의 노동자인 셈입니다.

새로운 관계

이제 혜정은 먹고 싶은 걸 먹고, 듣고 싶은 노랠 듣고, 가고 싶은 곳에 가고, 만나고 싶은 사람을 만나며 지냅니다. 요즘은 사부작에서 보내는 시간이 늘면서 혜정에게 새로운 관계가 생겨나기 시작했어요. 오다가다 사부작에 들르는 사람들과 인사를 나누면서 친해진 거죠. 혜정을 알아보는 사람이야 원래 많았지만(영화 주인공이니까요!), 혜정이 보고 싶다며 찾는 사람이 많아진 건 꽤 큰 변화 아닐까요?

혜정 석류 동생, 펭이 동생한테 연락해줄래? 응?

석류 갑자기 펭이랑 통화하고 싶어? 왜?

혜정 보고 싶으니까.

석류 그래? 잠깐만.

뭥 여보세요?

혜정 여보세요? 여보세요? 뭥이 동생? 오늘 오는 거야, 알았지?

뭥 응???

석류 누나가 뭥이 보고 싶은가 봐. 이리로 오라는 것 같은데?

뭥 오늘 오라고요?

혜정 응. 지금 와. 알았지?

뭥 음... 지금 어딘데요?

혜정 성미산마을.

석류 우리 사부작이야.

뭥 그럼 지금은 안 되고, 한 30분 있다가 갈게!

혜정 (새끼손가락을 내밀며) 응. 있다 봐. 알았지?

석류 (새끼손가락을 건다)

뭥 응. 있다 봐!

혜정 (전화기를 내려놓고 문을 닫으며) 끊어. 알았지?

뭥 네.

석류 ㅋㅋ 누나가 끊으래. 벌써 방에 들어갔어.

혜정이 보고 싶을 때 전화할 수 있는 사람들, 혜정이 새끼손가락을 걸고 약속할 수 있는 친구들, 혜정의 새로운 '동생'들이 더 많이 생겨나면 좋겠습니다.

낭만 냐옹이

순천에서 올라온 청년

"안녕하세요?"

2021년 봄날 우렁찬 목소리에 듬직한 풍채를 한 청년이 나타났습니다. 그날 이후 거의 매일 사부작에 와서 다양한 활동을 함께 하고 있지요. 2년이 흐른 지금은 마을 분들도 많이 알아보고 인사를 건네십니다. 바로 그 청년 냐옹이의 이야기를 듣기 위해 활동가 꽃다지가 인터뷰를 했어요.

자기소개 부탁드려요.

"저는 냐옹이입니다. 동물을 좋아하고 야생동물에 관심이 많아요. 그래서 동물 관찰하는 게 좋아요. 나이는 스물다섯입니다. 지금 사는 곳은 서울특별시 서대문구 성산로입니다. 원래 고향은 순천이지만 2020년에 서울로 올라왔어요."

서울에는 왜 왔어요? 그리고 사부작은 어떻게 오게 됐나요?

"서울에서 살고 싶으니까, 볼 것도 많고 좋으니까 올라왔어요. 사부작은 민준이 이모가 추천해줬어요. 민준이 이모는 연희동 성당에서 만났고 성당은 스물세 살부터 다녔어요. 민준이 이모가 복지관에 그림 그리는 데를 소개해줬는데, 답답하고 마음에 안 들었어요. 그런데 사부작은 그림도 그리고 놀고 청년들이랑 같이 지내는 곳이라고 가보라고 했어요. 첫날 왔을 때 모두가 반가워하는 느낌이 들었어요. 2021년 5월에 마카롱이랑 지원이를 모던양파에서 만났어요."

성미산마을의 냐옹이

사부작에서는 그동안 어떤 활동을 했어요?

"모던양파, 오랑우탄 칫솔 포장하는 거, 캠씨, 방문교육단, 선샤인 아놀드홀라 같은 활동을 했어요. 사부작을 생각하면 제일 먼저 모던양파가 떠올라요. 만화를 좋아하는 친구들이랑 그림도 같이 그리고, 지원이도 있고 마카롱도 있으니까 좋아요. 모던양파 친구 말고 친구 한 명 더 있어요. 별명이 2층버스예요. '공간 곁', '작은나무' 카페, 성산종합사회복지관에서 전시도 했어요."

가장 기억에 남는 활동은 뭐예요?

"2021년에 연두가 소개해준 예술 모임 '캠씨'를 하게 됐어요. 마을을 돌아다니면서 색을 수집하고 그림 그린 것을 모아 나중에 미디어오페라, 뮤지컬로 만들었어요. 서교생활문화센터에서 미디어오페라 공연을 했는데 저는 동물 역할을 하려고 호랑이 가면을 주문해서 썼어요. 진짜 신나고 완전 날아갈 것 같았어요. 사람들도 많이 보러 오고, 끝나고 사부작에서 뒤풀이도 했어요.

그런데 준비하면서 마카롱이랑 대판 싸웠어요. 앞으로는 싸우지 않고 1년에 한 번씩 돌아가면서 주제나 주인공을 정하기로 했어요. 올해 캠씨는 제가 낸 의견을 바탕으로 '동물의 왕국'을 주제로 활동할 거예요. 반은 미디어오페라로, 반은 뮤지컬로 하기로 결정했는데 무척 기대가 돼요.

선샤인아놀드훌라에서 쉬는 시간에 제가 준비한 〈낭만 고양이〉를 같이 연습했어요. 다른 사람들이 다 따라 하니까, 할 수 있다는 마음

• '어라운드 마로니에' 공연에 참여한 선샤인아놀드훌라(왼쪽부터 준하, 가지, 냐옹이, 차니, 소피아, 아난도, 혜정, 연두) ⓒ 사진: 정택용

이 들어요. 가지랑 하와이안 댄스를 추는 게 좋아요."

냐옹이의 동물 사랑

냐옹이의 동물 사랑은 남다르잖아요. 언제부터 동물을 좋아했나요?

"동물에 대해서는 책에서 다 배웠어요. 2010년부터 공룡을 되게 좋아하게 됐어요. 2011년부터는 공룡 말고 다른 동물들을 좋아하게 됐고, 2012년부터는 공룡이랑 다른 동물 모두 좋아하게 됐어요. 동물의 멸종에 대해서도 알게 됐는데, 왜 멸종했는지 어떻게 하면 멸종하지 않게 할 수 있는지 배웠어요. 전 세계에 멸종 위기 동물들이 많아서 슬프고, 보호해야 한다는 생각이 들었어요."

동물을 위해 돈을 모으기도 하고 쓰기도 하죠?

"여러 나라의 많은 동물을 보고 싶어요. 일본 수족관에 가서 고래상어랑 만타가오리를 보고 싶어요. 2013년에 형이랑 엄마랑 태국으로 여행을 가서 코끼리도 보고 호랑이도 봤는데, 패키지여행이라서 더 많이 볼 수가 없었어요. 돈을 많이많이 벌면 아프리카에 사는 동물들도 만나고 싶어요. 또 인도랑 네팔에 가서 야생동물도 보고 싶어요. 제일 보고 싶은 건 아프리카 코끼리하고 인도 호랑이예요.

저는 야생동물 보호기금을 내요. 동물들이 멸종되지 않게요. 그린피스 후원도 해요. 북극곰 캠페인 3만 원, 야생동물 보호 캠페인 3만 원, 그리고 그린피스 캠페인도 똑같이 3만 원을 내요. 합하면 9만 원이에요. 후원금을 많이 내는 이유가 있어요. 동물들이 멸종하지 않고, 지구가 오염되지 않고, 기후 변화가 일어나지 않게 하기 위해서예요. 돈을 더 많이 모으면 5만 원으로 올려서 후원할 수 있어요. 그러면 집 살 돈을 모으거나 해외여행을 가기 힘들 수도 있지만요."

앞으로 하고 싶은 것

사부작에서 더 하고 싶은 것이 있나요?

"질문왕이 나오는 〈새 구경〉이라는 영상을 봤어요. 질문왕이 쓴 시에 새가 나오는 사부작뮤직 영상이에요. 저도 질문왕이 한 것처럼 서울대공원 동물원에서 동물 구경을 하면서 인터뷰를 하고 싶어요. 동물들이 어떻게 지내는지, 동물원이 언제 리모델링되는지, 환경이 어떤지, 동물 사육사들이나 직원들을 인터뷰하는 영상을 찍고 싶어요."

오랜 시간 이렇게 인터뷰해줘서 고마워요. 마지막으로 '사부작은 냐옹이에게 ○○○이다'라고 얘기해줄 수 있을까요?

"사부작은 자연적이다. '자연적'이라고 하면 떠오르는 게 자연 생태거든요."

냐옹이가 사부작에 와서 2년 넘게 잘 지내줘서 고맙고, 앞으로도 독립적으로 살아가는 데 사부작이 도움이 되면 좋겠어요. 서로에게 감사하는 마음으로 오래오래 잘 지냈으면 좋겠습니다.

평화를 사랑하는 마카롱

성미산마을에서 자란 청년

마카롱에게 인터뷰를 요청했더니 득달같이 달려왔어요. 마카롱네 집은 사부작에서 한 블록 떨어진 곳에 있어, 그야말로 엎어지면 코 닿을 거리입니다. 늘 보는 사이에 녹음기를 켜놓고 인터뷰를 하려니 몹시 어색한 느낌이었는데, 정작 마카롱은 신이 났는지 목소리 톤이 한껏 올라가서 자기소개를 했어요.

"저는 사부작에서 그림을 그리고 있는 프리랜서 아티스트 마카롱입니다. 마카롱은 제가 지은 별명이에요.

2006년 12월에 성미산마을로 이사를 왔어요. 이유는 부모님이 대안교육을 알게 되셨고, 누나가 학교에 다니기 힘들어졌기 때문이에요. 이사 온 후에 성미산어린이집을 다녔는데 친구들도 많이 만나고 진짜 재미있었어요.

그다음에 성미산학교를 12년 다녔어요. 초등학교 때 힘들었어요. 그리고 2014년에 중학교 1학년이었는데 정말 힘들어서 악몽 같았어요. 제가 좋아하는 뽕쉬가 죽는다고 친구가 막 놀리고, 세월호 사건도 일어나고, 안 좋은 일들이 겹쳤어요. 힘들 때는 찰흙으로 뽕쉬를 만들거나, 색종이를 접거나, 뽕쉬 책을 보거나 그림을 그리면서 시간을 보냈어요. 그때 뽕쉬가 죽는다고 놀렸던 친구를 얼마 전에 만났는데, 많이 달라졌어요. 이젠 날 놀리지 않아요. 뭐, 용서가 돼요.

성미산학교에서 '무경계 프로젝트'가 제일 재밌었어요. 무경계 프로젝트는 무장애놀이터, 장애인이 운영하는 카페, 장애인이 그린 그림이 전시된 미술관 같은 곳을 성미산학교 포스트중등(고등2, 3학년 과정) 학생들이 방문하는 거예요. 가서 놀기도 하고 관람도 하고 인터뷰도 해요. 무경계 프로젝트에서 맛있는 것도 먹고 어린이대공원도 갔어요. 어린이날에 갔는데, 카드캡터 체리 같은 애니메이션 노래들이 나와서 진짜 좋았어요. 졸업하고 나서는 잡지사에서 일했어요. 하지만 사회에서는 계속 저를 장애인으로 대하고 달라진 게 없어서 많이 속상했어요. 지하철에서 울기도 하고…. 지금은 많이 나아졌어요.

성미산마을은 저에겐 오래 함께 지낸 친구와 같아요. 마을에서 만화도 그려요. 성미산 청년 축제에서 신청을 받아서 사람들의 캐리커처도 그렸어요. 환불해달라고 할까 봐 걱정했는데 그런 사람이 없어서 다행이었어요. 다들 정말 좋아하고 만족해서 기뻤어요. 이 사람은 흑백으로 그려달라고 하고, 저 사람은 피부색을 파란색으로 해달라고 하고, 파란색 머리카락에 초록색 옷에 별 펜던트를 그려달라는 꼬마도 있었어요. 주문받는 대로 빨리빨리 그려주고 돈을 받았는데, 뿌듯했어요."

뿡쉬와 마카롱

어릴 적 마카롱은 평화를 사랑하는 햇살 같은 아이였어요. 자기만의 표현으로 사람들에게 감동을 주곤 했지요.

십 수년 전 성미산 개발을 막기 위해 성미산마을의 어른들이 성미산을 지키던 때였어요. 열 살 마카롱이 함께 성미산을 지키겠다고 찾아왔어요. 어른들에게 건넨 마카롱의 말은 그대로 아름다운 시 같았어요.

"포도 씨를 성미산에 뿌려요. 포도가 자라서 덩굴이 올라와요. 포도 덩굴이 포클레인을 감으면 움직일 수 없어요. 그러면 나무도 자를 수 없고 성미산이 아프지 않을 거예요."

이런 마카롱을 이야기하려면 뿡쉬를 빼놓을 수가 없어요. 마카롱은 어린이 잡지 『개똥이네 놀이터』의 열혈 구독자라서 출판사 직원들도 알고 있을 정도예요. 뿡쉬는 그 잡지에 연재되던 만화 주인공이지요. 마카롱을 아는 사람들은 뿡쉬가 누구인지 다 알아요.

"뿡쉬는 『개똥이네 놀이터』에 나온 만화의 주인공 흰뺨검둥오리예요. 처음에는 주위의 미움을 샀지만, 여자 오리 선생님 '눈망울'이 떠돌이 신세였던 뿡쉬를 거두어줘요. 시간이 지나서 뿡쉬는 악당 겔

겔여우로부터 사뿐이를 구하고 영웅 대접을 받아요. 그런데 샘 많은 도레미가 이간질을 해서 뿡쉬는 다시 떠돌이가 돼요. 여러 고난과 역경을 겪고 백조 아저씨의 희생으로 도움을 받아요. 그러면서 새로운 친구인 빙빙이(비행기를 엄마라고 믿는 오리)랑 아기 백조 둥둥이(백조 아저씨의 아들)를 얻고, 예전 친구들과도 다시 친해져요. 그토록 원한이 있었던 도레미하고도 친해지고요."

마카롱의 이야기를 듣고 있자니 뿡쉬와 마카롱의 얼굴이 겹쳐집

• 마카롱이 그린 뿡쉬 만화

48

니다. 혹시 마카롱과 뺑쉬의 공통점이 있냐고 물으니 웃으며 많다고
합니다.

"힘든 과거를 보냈고 친구들에게 따돌림을 당했지만 자신만의 방
법으로 재치 있게 해결했어요. 위기를 해결할 때 사람들이 도와준 것
도 똑같아요. 뺑쉬는 눈망울 선생님이랑 사뿐이, 심심이가 걱정해주
고 도와줬어요. 속눈썹 아저씨도요. 저에게는 태욱이, 지원이, 승우
같은 친구들이랑 리노, 노리, 제라드, 꽃다지, 필 같은 선생님이랑 누
나하고 엄마, 아빠가 그런 사람들이에요."

뜻밖의 공간, 사부작

"꽃다지, 소피아, 연두 안녕하세요?"

매주 금요일 네 시면 두둑한 가방을 멘 마카롱이 사무실을 휙 지
나 모던양파 모임방으로 들어갑니다. 분명 가방에는 2+1이나 세 묶
음에 2천 원으로 할인하는 과자가 들었겠지요. 과자를 좋아하는 마
카롱은 마을 편의점마다 어떤 과자를 할인하는지 훤히 꿰고 있습니
다. 누나가 할인 과자 지도를 웹으로 만들어보면 좋겠다고 말해 찾아
보니 이미 있어서 안 하기로 했답니다. 모던양파 창단 멤버인 마카롱
은 요즘 디스크로 고생 중이지만, 아픈 와중에도 서서라도 그린다고
이젤을 사서 참여할 만큼 모던양파에 대한 애정이 엄청납니다. 사부
작 활동하는 이야기를 들려 달랬더니 역시 모던양파부터 말합니다.

"사부작에서는 모던양파라는 그림 동아리 활동을 해요. 모던양

파라는 이름은 '모던'한 마인드로 그림을 그리자는 뜻이랑 야수파, 인상파 같은 여러 화파 이름을 애기하다가 문득 '양파'가 떠올라서 그 둘을 합친 거예요. 지금은 금요일 네 시부터 여섯 시까지 일주일에 한 번 만나는데, 2020년에는 수요일에 모던양파 모임을 했어요. 2020년 이전에는 다화랑 그림을 그렸어요.

모던양파의 구 멤버는 저랑 그루랑 비공개였고, 새로운 멤버는 냐옹이랑 지원이, 혜정 누나가 있어요. 정찬이 형도 가끔 와요. 재작년 크리스마스에는 '공간 곁'에서 전시를 했고, 작년에는 지금은 없어진 카페 '작은나무'와 성산종합사회복지관에서 했어요. 성산종합사회복지관 전시가 기억에 많이 남아요. 마침 저희 가족이 나온 다큐 영화 〈이사〉를 상영하는 날 전시를 했고, 구경하러 오신 분들에게 사인도

• '우리동생' 동물병원에 케이크 배달을 간 마카롱(왼쪽에서 다섯 번째)

해드렸고요.

또 사부작에서 하는 활동은 가끔 하는 케이크 배달, 목요일마다 하는 커피 구독이 있어요. 다른 단체 기념일에 배달 일을 하니까 뿌듯했어요. 최근에 마포사회적경제네트워크에 배달했는데 제 그림도 좋아해주고 이것저것 물어봐주고 좋았어요. 아! '사부작 몸짓으로'도 했어요. 개똥이네문화놀이터 학생들 율동을 가르치는 거예요. '사부작 몸짓으로'는 활동비를 받아요.

활동해서 번 돈으로는 미술용품이나 완구 같은 걸 사요. 집에서 용돈은 많이 안 받은 지 오래됐어요. 받은 용돈은 거의 교통비와 간식 비용으로만 쓰고요. 교통카드의 교통비는 연필보다 쉽게 닳아 없어져요. 올해 교통비가 올라서 얼음보다 쉽게 녹을지도 몰라요.

사부작은 저에게 뜻밖의 공간이에요. 좁은 집에서 할 수 없는 작업을 할 수 있고, 여러 사람을 만날 수 있어요. 사부작이 있어서 좋아요."

청년 마카롱의 고민거리

'마을에 이런 게 있으면 좋겠다' 하고 바라는 게 있는지 물어봤더니 마을에서 전시회가 많이 열리면 좋겠다고 하네요. 완구점이 없는 게 아쉬워서 꼭 생기면 좋겠대요. 마카롱은 피규어를 모으거든요.

마카롱에게 요새 고민은 무엇인지도 물어봤습니다.

"얼마 전에 냐옹이랑 싸운 거요. 그래서 홀라춤도 안 가고 싶고 그래요. 사소한 문제로 싸웠는데, 되게 속상하고 힘들었어요. 연두와 캠씨 선생님들이 도와주셔서 지금은 화해했어요.

그리고 우리 누나가 만든 영화 〈이사〉에 보면 저랑 누나랑, 사부작에서 활동하는 엄마랑 카페에서 일하는 아빠, 고양이 라떼 이렇게 저희 가족이 나와요. 근데 영화에서 부모님이 시골로 가고 싶다고 하는데 저는 가기 싫어요. 마을에 있는 친구들이랑 헤어지기 싫거든요.

작년에 성미산학교 졸업생 모임에 갔어요. 정말 오랜만에 만났는데, 많이 변한 친구들도 있었어요. 밤이 깊어서 클럽이나 노래방에 가려고 했는데 신분증을 가지고 온 친구가 저 빼고 몇 명 없어서 대신 게임방에 갔어요. 가서 산리오 캐릭터 인형 뽑기도 하고 재미있었어요.

요즘은 친구들이 바쁠까 봐 연락을 자주 하진 않아요. 그렇지만 우리 누나처럼 친구들이랑 자주 만나고 싶어요. 지원이는 매주 모던양파에서 보니까, 승우랑 태욱이가 특히 보고 싶어요. 지금은 모던양파 친구들을 제일 자주 보고 또 가장 소중한 친구들이에요."

모든 사람을 환대하는 피아노

피아노의 인사법

성미산마을 뒤엔 작은 산이 있습니다. 무려 해발 66미터, 산이라기보단 낮은 언덕에 가깝지만 마을 사람들에겐 소중한 숨통 같은 곳이지요. 해 질 녘 어스름에 성미산 근처를 지나다 보면 멀리서 피아노의 목소리가 들립니다. 아마 마을 사람들과 팔극권을 하고 있을 테지요. 하지만 우리는 굳이 다가가서 인사를 하진 않아요. 분명 "○○ 만났다!" 하며 운동을 멈출 테니까요.

골목을 지나다 피아노가 보이면 벌써 "누구야" 하는 소리가 들리는 것 같습니다. 피아노는 누구를 만나든 꼭 "누구야"라고 말하니까요. 질문이라기보단 피아노만의 인사말이에요. 그 사실을 모르는 사람은 피아노가 정말 누군지 몰라서 묻는다고 생각하지만 천만에요, 그런 경우는 드물어요. 피아노의 "누구야"는 '안녕, 반가워'와 같은 뜻이에요. 그다음엔 꼭 "야호! ○○ 만났다!"라고 하지요.

우리 동네에서 피아노만큼 모든 이를 환대하는 사람이 또 있을까요? 어제 보고 오늘 만나도, 오랜만에 만나도 언제나 격렬하게 반가워하지요. 모임에 오래간만에 나가도 피아노만 있으면 걱정이 없습니다. "○○ 왔다!" 하며 반겨주니까요. 피아노는 사람을 참 좋아합니다. 누구든 가리지 않고 환대해주지요. 이 사람은 이래서 싫고 저 사람은 저래서 별로인 보통 사람들과는 비교도 할 수 없을 만큼 너그럽습니다.

노래가 좋아

피아노는 엄마인 달님과 함께 사부작에서 인터뷰를 했습니다. 그동안 사부작에서 무얼 했냐고 물으니 대뜸 "합창, 유예"라고 하네요. 아마도 유예와 했던 합창 동아리가 무척 좋았나 봅니다.

피아노는 음악을 좋아합니다. 피아노 치는 걸 좋아해서 별명도 피아노지요. 노래를 정말 좋아해서 60년대 트로트부터 최신곡까지 모르는 노래가 없습니다. 누군가 허밍으로 멜로디를 흥얼거리면 바로 따라 부를 정도지요. 걸어 다니는 주크박스라고나 할까요? 요새는 이승윤 노래에 빠져 있다네요.

합창 동아리는 사부작 초기부터 사부작청년들과 마을의 비장애청년들이 함께 해왔던 활동인데, 코로나 때문에 지속이 어려웠습니다. 피아노가 너무 속상해서 유예와 둘이 온라인으로 진행을 하다가 그마저도 중단된 상태지요. 피아노는 인터뷰하면서도 합창 동아리 때 부르던 노래를 부릅니다. 샨티와 함께 요가 동아리도 했었는데 나비 자세를 할 때 피아노가 〈나비야〉 노래를 불러서 모두 따라 부르기도 했었죠.

노래 이야기가 나온 김에 달님이 피아노의 기억을 좀 더 끄집어내 봅니다.

"피아노가 사부작에서 했던 것 중에 제일 기억나는 게 뭐야? 연두랑 소피아랑 차니랑 노래한 거 좋았어?"

그러자 피아노가 "네!" 하고 대답하며 귀에 헤드폰 쓰는 시늉을 합니다. 아마 녹음실에서 녹음했던 장면이 떠올랐나 봅니다. 사부작에서는 '사부작뮤직'이라는 활동을 하는데, 발달장애인의 말을 가사로 해서 노래를 만드는 프로젝트입니다. 사부작뮤직의 노래 중에 피아노의 노래도 있으면 좋겠다 싶어, 피아노 하면 떠오르는 말인 "누구야"를 모티브로 연두가 가사를 썼습니다. 사람들에게 피아노의 인사법을 알려주고, 마을 사람들과 일상을 보내는 피아노를 소개하고 싶어서였지요.

마을 음악가 실비에게 곡을 붙여달라고 부탁했고, 노래가 완성되었을 땐 너무나 아름다워서 듣자마자 울컥했어요. 피아노도 이 노래를 무척 좋아했고, 노래에 나오는 사람들과 함께 녹음실에서 녹음을 했어요. 새롭고 즐거운 경험에 신이 났던 피아노는 한동안 사부작 활동가만 보면 헤드폰 쓰는 동작을 하며 〈누구야〉를 불렀지요.

실비와 피아노

〈누구야〉까지 사부작뮤직의 노래가 여섯 곡이 됐을 때 『운동해요, 운동!』이라는 음반책을 냈습니다. 사부작뮤직의 노래와 뒷이야기를 소개하고, 함께 작업한 분들과 평론가의 이야기도 담았지요. 〈누구 야〉의 곡을 써준 실비가 책에 쓴 피아노 이야기를 읽어보면 피아노 가 어떤 사람인지 더 잘 그려질 것 같아 옮겨봅니다.

피아노와 한 마을에서 산 지 십 수년째. 이 마을에 살면서 사람들 과 어울리고 함께 노래하는 일을 하면서 피아노가 내게 가장 많이 준 몇 가지가 있다.

피아노는 내가 노래를 마쳤을 때, 앵콜을 압도적으로 가장 많이 외쳐준 사람이다. 기립박수를 쳐준 횟수도 압도적 1위.

피아노는 마을에서 내 이름(별명)을 제일 많이 불러준 사람이다. 어 디서 마주치든지 피아노는 만날 때부터 헤어질 때까지 아주 많이 내 이름을 불러주었다.

피아노는 마을에서 나를 가장 크게 환대해주는 사람이다. 오랜만 에 마을 모임에 나가서 서먹할 때면, 마을 모임에 즐겨 참여하는 피아노가 높은 목소리로 "실비 왔다!"를 외쳐주고, 그러면 나도 크 게 인사하며 어느새 서먹함을 지울 수 있었던 것 같다.

이렇게 내 이름을 불러주고 환대해주고 앵콜과 기립박수로 내게 큰 축복과 위로(노래를 좀 못했어도)를 준 피아노에게 나도 작은 선물을 해줄 수 있는 기회가 왔다. 피아노와 함께하는 사부작에서 피아노의 이야기를 가지고 노래를 만들기로 했는데 내게 곡을 붙여달라고 부탁해온 것이다. 흔쾌히 수락하고 그날 밤에 곡을 만들었다. 곡을 만들 때 얼마가 걸리는가는 그때그때 참 다르다. 오래 걸렸다고 꼭 힘들었던 건 아니고, 곡은 순식간에 써지지만 그 순간에 이르기까지 모종의 이미지가 구축되는 데 큰 차이가 있다. 그런데 피아노의 노래는 아주 빨리 그 순간이 왔다. 아마도 사부작에서 주신 가사에 나온 사람들의 이름, 그들이 인사하는 모습들이 내게도 이미 낯익고 정겨운 것들이어서 그랬던 게 아닐까. 내 이름을 불러주는 피아노의 목소리에 잠시 나를 담그고, 정겨운 사람들의 모습을 그리면서 곡을 만들었다. 그리고 피아노가 좋아하는 악기인 피아노 반주로 가이드 녹음을 했다.

피아노 양모그림 작업 10주년 전시회 자리에서 노래가 첫선을 보였다. 꿈휴가 편곡과 녹음 작업을 해주셔서 한결 신나게 완성된 형태의 곡이 되었다. 피아노가 작업한 멋진 작품들을 배경으로, 여러 마을 사람들이 축하 공연도 해주는 가운데 함께 곡을 들을 수 있어서 참 좋았다. 그리고 무엇보다 내게 가장 큰 선물들을 주어 왔던 피아노에게 작게나마 나도 선물을 줄 수 있었던 것 같아서, 그동안 마을에서 내게 있었던 일 중에 제일 큰 감동과 기쁨을 얻은 기억 중 하나로 남게 되었다. 피아노에게도 행복한 추억이었길.

에너지가 넘치는 피아노

피아노는 하고 싶은 것도 많고 좋아하는 것도 많습니다. '선샤인아놀드훌라'는 훌라춤 강사가 된 마을 주민 가지가 사부작에 먼저 제안을 해서 만들어진 훌라춤 동아리입니다. 가지는 강사가 아닌 길동무로 함께하고 싶다고 했습니다. 정말이지 보물 같은 사람이지요. 피아노는 코로나가 한창 유행할 때 잠시 쉬었다가 다시 선샤인아놀드훌라에 합류했습니다. 활동지원사인 '고모님'도 함께 훌라춤을 하시지요.

춤과 노래라면 빠질 수 없는 피아노는 마을극장에서 하는 댄스파티 '버블버블텍'에도 빠짐없이 참여해요. 흥이 오르면 바닥에서 뒹구는 일명 '바닥춤'을 선보이는데, 엄마 달님이 다칠까 봐 걱정을 하든

- '선샤인아놀드훌라'에서 춤추는 피아노와 사부작청년들(왼쪽)
- 옹호가게 '정진한의원' 원장님과 피아노(오른쪽)

말든 피아노는 그 순간 진정한 춤꾼이 된답니다.

인터뷰를 마무리하면서 피아노에게 앞으로 하고 싶은 게 있는지 물었습니다. 피아노는 기다렸다는 듯 "노래!" 하고는 "합창, 요리, 요가"라고 술술 읊어댑니다. 역시 에너지 가득한 피아노입니다. 풍물패 '살판' 청년들하고 한 달에 한 번 모여 함께 요리해 먹고 수다 떠는 모임 '살고보자'가 꾸려졌는데, 피아노도 함께하면 좋을 것 같습니다. 합창 동아리도 다시 열도록 마을 청년들과 연결해봐야겠어요.

슬슬 집에 갈 시간, 달님이 피아노와 함께 나설 준비를 합니다.

"이제 한의원 가서 오랜만에 왕소금 만나고 집에 가자."

그러자 피아노는 침 맞는 동작을 해 보입니다.

피아노에게 이름을 불리면 얼마나 기쁜지요. 사부작청년들이 나를 알아보고 인사해주고 좋아해주는 건 마치 훈장 같습니다. 인터뷰를 마친 피아노는 옹호가게인 정진한의원으로 향합니다. 오늘은 왕소금이 피아노에게 호명되는 기쁨을 누리겠네요. "왕소금 만났다!"며 환호할 피아노의 목소리가 벌써 들리는 듯합니다.

마을의 터릿대감 준하

어디까지 가봤니?

사부작 마당에 자전거 한 대가 들어오더니 준하가 후다닥 뛰어들어옵니다.

"안녕하세요!"

경성고등학교에 다녀오는 길이랍니다. 곧이어 자전거가 또 한 대 들어오고 토끼가 내립니다. 토끼는 준하의 길동무예요. 사부작에서는 활동지원사도 길동무라고 부릅니다. 준하는 특수학급이 있는 고등학교에 다닙니다. 학교가 끝나면 토끼와 함께 다니지요. 준하가 자전거를 타면 토끼도 자전거를 타고, 걸으면 또 같이 걸어서 사방천지를 돌아다닙니다. 그렇게 다니다 사부작에 들러 쉬어가곤 해요. 토끼가 차를 마시며 사부작 활동가들과 이야기를 나누는 동안, 준하는 쉬는 방에 들어가 연두의 핸드폰을 빌려서 보고 싶은 친구들, 선배들 사진을 봅니다.

준하는 가끔 혼자서 자전거나 지하철을 타고 멀리까지 가기도 합니다. 밤늦게까지 안 돌아와 동네 사람들이 찾으러 다니는 일도 종종 있었지요. 발달장애인 실종 사고가 잦아 모두들 긴장하는데 그 마음을 아는지 모르는지 준하는 바람을 가르며 자전거를 탑니다. 언젠가는 한강 다리 건너편에서 발견돼 부모님이 파출소로 찾으러 가기도 했습니다. 어디 가고 싶었냐고 물어보니 전학 간 친구를 만나러 갔다고 하더군요.

준하를 인터뷰하며 혼자 가장 멀리까지 가본 데가 어디냐고 물었습니다.

"목동이요."

한강 건너 목동엔 또 무슨 일로 갔냐고 하니 딴소리만 합니다. 사실 목동보다 더 멀리 간 적이 있다는 걸 알지만 더 묻지는 않습니다. 마을을 좋아하면서도 늘 어디론가 훌쩍 떠나는 준하의 마음속이 궁금합니다. 자전거를 타고 어딘가로 갈 때 자유로움을 만끽하는 게 아닐까 짐작만 해봅니다.

발달장애 '청년' 허브의 청소년

사부작은 발달장애 '청년' 허브지만 청소년도 함께하고 있어요. 준하와 익스가 그렇지요. 지역의 장애인복지관 방과후 청소년들과 만나기도 하고, 가끔 마을의 어린이도 사부작에 놀러 옵니다. 그러니까 사부작은 꼭 청년들만 드나드는 곳은 아니에요. '청년'의 기준이 무엇인지는 사부작에서 중요하지 않아요. 곧 청년이 될 청소년도, 40대를 넘긴 중년의 발달장애인도 마을에 비빌 언덕, 손잡을 언덕이 필요하니까요. 사부작이 발달장애'청년'허브란 이름을 내건 것은 학령기 이후 청년이 된 발달장애인의 기지가 필요했기 때문이지요. 학교 다닐 때는 그래도 갈 곳, 만날 사람, 할 활동이 있지만 졸업을 하고 나면 막막하거든요. 발달장애인을 위한 평생교육센터나 주간보호시설 같은 데가 있지만, 거기서는 또 지역사회와 분리된다는 한계가 있습니다. 발달장애인이 성인이 되고서도 주민으로서 이웃들과 어울려 살아가려면 발달장애청년허브가 동네마다 있으면 되지요. 그런 '1동 1사부작'이 사부작의 꿈이기도 해요.

준하는 어릴 때부터 마을에 살았어요. 공동육아 어린이집을 나와 성미산학교에 다니다 6학년 때 일반 학교로 전학을 했습니다. 옆 동네로 이사를 했지만, 준하의 활동 근거지는 사부작이 둥지를 틀고 있는 성미산마을이에요. 준하가 아는 사람들이 모두 여기 있으니까요.

준하의 관심사를 한 가지만 대라면 단연코 '사람'일 거예요. 누가 몇 살인지, 어디 사는지, 어디로 이사했는지, 가족은 누구인지 다 꿰고 있지요. 그리고 사부작에 와서는 날마다 그걸 확인합니다.

"꽃다지, 현서 형 몇 학년이에요?"

"소피아, 운동장 알아요?"

"연두, 윤슬이는 누구 동생이에요?"

알고도 질문을 하는 준하. 마을 사람이 궁금하면 준하한테 물어보면 됩니다. 준하는 다 알거든요. 다 알면서도 묻는 건 어릴 적 기억이 떠올라서일 수도, 함께 알고 있다는 것을 확인하는 것일 수도, 이야기를 더 이어가고 싶어서일 수도 있지요. 그렇게 시작한 대화는 끝없이 이어집니다. 그러다 "이만 가볼게요" 하고선 자전거를 타고 또 홀연히 사라지지요.

틈틈이 사부작사부작

준하는 거의 날마다 사부작에 들릅니다. 그냥 쉬었다 가기도 하고, 커피 배달이나 종이팩 수거도 하고, 훌라춤 동아리를 함께하기도 하지요. 사부작에서 활동을 제안하면 준하는 모두 좋다고 합니다. 사부작 활동가 꽃다지와 연두는 준하가 다녔던 성미산학교 교사 출신이라, 혹시 선생님이라 생각해서 다 수용하는 건 아닌지 다시 묻기도 했지요.

커피 배달을 열심히 하는 건 다 동규 형 덕입니다. 준하가 좋아하는 동규 형네가 커피 구독 신청을 했기 때문이죠. 사부작과 연두커피 인터내셔널이 콜라보로 진행하는 '사부작 커피 구독'은 사부작에서 한꺼번에 커피를 받아 청년들이 집집마다 배달을 해주는 활동이에요. 사부작 커피 구독 신청을 하면 택배비를 청년들 활동비로 줄 수 있지요.

"준하는 동규 형이 왜 그렇게 좋아?"

"동규 형이 친절해서요."

"커피 배달 가서 동규 형 만난 적 있어?"

"네!!"

토끼 말로는 딱 한 번 동규 형을 만났다고 해요. 그게 그리 좋았는
지 대답하는 얼굴에 웃음이 가득합니다. 사부작 커피 구독은 이렇게
이웃들과 교류할 수 있는 활동 중 하나지요.

준하는 종이팩을 수거하는 '화목일프로젝트'에도 합류해 열심히
하고 있어요. 물론 토끼가 옆에서 잘 지원해주기에 가능하지요. 목요
일 선샤인아놀드훌라 때는 토끼도 함께 훌라춤을 춰요. 사부작에 오
는 청(소)년들의 활동지원사들은 사부작에서 많은 것을 배운다고 하
시고, 사부작 활동가들도 활동지원사들께 배우는 게 많지요. 청년이

• 열심히 훌라춤을 추고 바닥에 드러누운 준하와
  활동가 연두

하고 싶은 활동도 활동지원사가 내키지 않으면 꾸준히 하기가 어려우니까요. 이제 사부작에 오시는 활동지원사들과는 손발이 척척 맞는답니다.

안녕하세요!

준하는 만나는 사람마다 인사를 합니다. 모르는 사람에게도 인사를 하는데 그럼 대부분 당황합니다. 길에서나 엘리베이터에서, 공원에서 낯선 사람들에게도 인사하고 말을 걸지요.

"안녕하세요! 저는 준하예요."

"……."

"고등학생이에요."

"그렇구나."

"고등학생은 술 먹으면 안 되죠?"

"……."

"저는 술 먹어요. 맥주 좋아해요."

이쯤 되면 곁에 있던 토끼나 활동가가 끼어듭니다.

"준하야, 그건 말 안 해도 돼. 하하!"

준하는 가끔 자기 이름을 '정하'라고 소개하기도 하고 대학생이라고 한다든가 먹지도 않는 술 얘기도 하는데, 그럴 때 얼굴을 보면 장난기가 가득합니다. 어쩌다 잘 받아쳐주는 분들도 만납니다. 너 재미있다, 나도 술 좋아한다, 술이 좋아도 어른이 되고 나서 먹어야지….

처음 준하가 낯선 이에게 인사를 하고 말 건넬 땐 난처하기만 했는데, 우리가 너무 경계하고 긴장하고 사는 것일 수도 있겠구나 싶기도 해요.

집 나온 거 있나요?

"준하는 학교 졸업하고 뭐 할지 생각해본 적 있어?"

"대학교! 상명대학교!"

"아, 공부를 더 하고 싶구나. 일을 한다면 어떤 일이 재미있을 거 같아?"

"몰라요."

"준하는 누가 어디 사는지 잘 아니까 배달을 해도 되겠고, 부동산 중개를 해도 잘하겠다."

"호박부동산 사장님!"

"호박부동산에 가봤어? 거긴 왜? 가서 뭐랬는데?"

"'소행주' 나온 거 있어요?"

"아, 호박부동산에 들러서 공동주택 나온 거 있냐고 물어봤다고? 하하!"

준하는 마을에 있는 소행주라는 공동주택에 살다가 옆 마을로 이사 갔는데 그게 마음에 안 드나 봅니다. 문 열고 나오면 아는 사람 천지인 마을에 사는 게 좋았을 테니까요. 토끼 말로는 요새 호박부동산에 자주 들러 집 나온 게 있는지 물어본다네요. 준하가 살고 싶은 곳에서 살게 되길 모두가 바랍니다.

어서 오세요!

"요새도 롯데월드 자주 가?"

어릴 때 만날 노래를 했던 롯데월드를 아직도 다니는지 궁금해서 물어봤어요.

"안 갔어요."

"준하야, 너 지난달에 아빠랑 같이 갔다고 하지 않았어?"

토끼가 말하자 준하가 씩 웃습니다.

"롯데월드 가면 아직도 신밧드의 모험 열 번씩 타고 그래?"

"프렌치 레볼루션 타요."

준하가 이젠 신밧드의 모험이 시시한, 스피드를 즐기는 청소년이 되었다는 걸 잊곤 합니다. 롯데월드 얘기로 인터뷰 시간을 마무리하며 준하가 거기서 일을 하면 어떨 거 같냐고 물어봅니다. 준하는 벌써 직원이라도 된 양 진지하게 말합니다.

"어서 오세요!"

준하가 이 마을에서 무사히 할아버지가 되는 상상을 해봅니다.

소피아

사부작 대표 일꾼. 전직 교사였으나 차니를 키우면서 장애와 관련된
오만 일을 해오고 있다. 성미산학교의 미니샵 프로젝트부터 좋은날
협동조합을 거쳐 사부작을 만든 전지적 인물이며, 카카오임팩트 펠
로우로 선정되었다.

연두

마카롱과 유예의 엄마이고 전직 성미산학교 교사. 사부작에서 일하
며 장애인권활동가로 거듭났다. 사부작의 기반을 닦아놓은 다음 탈
서울할 계획이나 아무래도 요원해 보인다.

꽃다지

성미산학교 교사와 마을활동가를 거쳐 2021년부터 사부작 활동가
로 합류했다. 스스로를 사부작 지킴이라고 소개하며, 양옆에 사부작
청년 팔짱을 끼고 걷는 순간을 좋아한다. 연두와 달리 마을에서 늙어
죽는 것이 소원이다.

2장

사부작의 활동가들

— 재미난 상상가, 즐거운 연결자 —

이웃과 함께 놀며 일하며

활동가 소피아

조금 특별한 아이

제가 아들만 셋인데 정찬이(차니)가 둘째예요. 정찬이가 두 돌 무렵 다른 아이들과 좀 다르다는 걸 알게 됐어요. 상담을 받으러 가니 아이가 '반응성 애착장애'라고 했어요. 90년대에는 발달이 늦은 아이는 '반응성 애착장애'라고 진단하는 경우가 많았죠. 엄마와 애착이 형성되지 않았다는 뜻이니 제 탓이라는 것 같아 괴로웠어요.

장애아가 태어나면 집안 분들 관심이 집중되고 치료에 좋다는 정보를 이것저것 많이 주십니다. 전국에 웬 도사들이 그리 많은지 어디서 기를 받았더니 싹 나았단다, 좋은 흙을 밟고 걸으면 좋다더라, 대구 모 한의원에 가서 침 맞으면 좋아진다더라 등등. 하지만 검증되지 않은 정보들이 대부분이었어요.

그 무렵 집안 어른 한 분이 병원을 예약해놨으니 검사라도 받아보라고 했어요. 이참에 저도 아이의 정확한 상황이 알고 싶어 검사를 받아보기로 했죠. 병원에서 뇌파 검사를 해야 하는데 아이가 가만히 있지 못하니까 수면을 위한 약을 먹였어요. 그런데도 아이가 자꾸 깨니까 약을 다시 먹이고 또 깨어나니까 어떻게 할 줄을 모르는 거예요. 아이에겐 설명도 전혀 해주지 않았어요. 그러곤 성인들이 양쪽에서 아이를 붙잡고 검사를 시도했는데, 이 사람들한테 검사를 맡기는 게 불안해서 결국 중단하고 왔어요. 아이도 저도 지쳐서 터덜터덜 돌아오는데, 누구 하나 속 시원히 말해주는 사람도 없고 검사조차 할 수 없는 상황이 처참했어요. 치료하면 나아지지 않을까 했던 약간의 희망도 그 이후로 다 접었어요.

그땐 정말 힘들었어요. 아이가 잠을 두세 시간밖에 안 자고 소통도 잘 안 됐고요. 그러다 막내를 임신했어요. 친지들이 저에게 왜 이렇게 어리석으냐고 했죠. 장애아가 있는데 어떻게 셋을 키우려 하냐고요.

그 무렵에 상담 선생님 한 분을 알게 됐어요. 연구소가 목동에 있어서 아이와 저는 목동 선생님으로 불렀어요. 그분을 만나 제 숨통이 트였어요. 상담으로 정찬이가 특별히 좋아졌다기보다는 제가 위안을 얻었죠. 아마 가까운 사람들에게 솔직하게 터놓지 못하는 말을 맘 놓고 하면서 절 객관적으로 볼 수 있었던 것 같아요. 정찬이를 대하는 태도와 비장애 형제를 대하는 태도에 도움이 되었고, 남편이나 시

댁과의 관계에서도 적정 거리를 유지할 수 있었어요. 정찬이가 네 살 되던 해부터 근 10년 동안 한 달에 한 번 상담을 받았어요. 속내를 맘껏 털어놓을 수 있는 사람이 있다는 것은 큰 행운이었죠. 무엇보다 상담이 진행되면서 정찬이를 장애아로 보기보다 특별한 개성이 있는 아이로 보게 되었어요. 정찬이의 상상을 뛰어넘는 저지레를 독창적인 놀이로 보게 된 거죠.

굉장한 놀이를 하던 어린 시절

첫째가 다섯 살, 정찬이가 네 살 때 막내가 태어났어요. 정찬이는 네 살 때까지 길에서 걸으려 하지 않았고, 길에 쪼그려 앉은 사람 등이 보이면 누구든 그냥 달려가서 업혔어요. 사람 등에 업히면 안정이 되었던 것 같아요. 정찬이를 업고 막내를 안고 큰애 손을 잡고 동네 이곳저곳을 다녔어요. 어디서 그런 힘이 나왔는지 모르겠어요.

아이들은 아파트 뒷산, 학교 운동장, 우리 집이 모두 놀이터였죠. 아이 친구들이 우리 집에 와서 많이 놀았어요. 자기 아들이 그 집에 가는 걸 그렇게 좋아하는데 대체 뭐 하고 노냐고 묻는 이웃도 있었어요.

쌍문동 어린 시절, 정찬이는 굉장한 놀이를 많이 했어요. 목욕을 오래 하길래 문을 열어보면 욕조에 물을 받아놓고 둥둥 떠 있는 거예요. 둥둥 떠서 입으로 물을 내뿜으면 물줄기가 위로 죽 뻗어 나가는데 마치 고래가 물을 뿜는 것 같았어요. 지금 생각해도 그 모습은

경이로워요. 물을 하도 많이 써서 누수가 있는지 알아보라는 종이가 날아오기도 했어요. 정찬이가 물놀이할 때 짓는 편안한 표정이 참 좋았지요. 어느 날 정찬이는 욕조 물에 물감을 풀었어요. 빨간색, 흰색 물감을 쭉쭉 짜며 섞는데 놀라서 바라보는 제게 "딸기우유!" 그러더라고요. 그 말에 감격해서 목욕탕이 물감 범벅이 되어도 그저 좋았어요. 비장애 형제들에게도 정찬이의 놀이는 매력적으로 보였는지 셋이 뒤엉켜서 물감을 풀고 놀기도 했어요.

몸에 비누칠하는 것도 좋아했어요. 하루는 목욕하다 온몸에 비누칠을 한 채로 밖으로 나오더니 엎드려서는 욕실 앞에서 현관까지 쭉 미끄러지더라고요. 어이없어서 보고 있는데 어느새 동생도 옆에서 같이 하고 있어요. 거품이 모자라서 미끄러지다가 멈추면 다시 거품을 잔뜩 칠하고, 심지어 대야에 담은 비눗물을 휙 뿌리고 거실 바닥에 슬라이딩. 그때 큰애가 학교에서 친구랑 같이 왔어요. 그 광경을 보고 친구도 같이 하고 싶은지 제 눈치를 보길래 고개를 끄덕였어요. 어차피 거실은 이미 비누거품 천지였거든요. 정찬이 덩치가 제일 커서 정찬이 위에 첫째 아이가, 그 위에 친구가, 맨 위에 막내까지 네 명이 차례로 미끄러져 척척 겹쳐 놀았답니다.

그때까지 아이들은 장애가 뭔지 잘 몰랐던 것 같아요. 그러다 어느 날 큰애가 묻더라고요.

"엄마, 정찬이는 우리처럼 말을 잘할 수 없는 거지?"

"글쎄. 그렇더라도 지금처럼 살면 되지 않을까?"

당시만 해도 장애에 대해 어떻게 설명을 해야 할지 잘 몰랐어요. '미래를 생각하면 불안하니 지금처럼 하루하루 재밌게 살면 되지 않을까?'라고 막연하게 생각했던 것 같아요. 비장애 형제로서 힘든 점도 많았겠지만 어떤 면에서는 혜택을 봤다고도 생각했어요. 남편과 저는 정찬이가 자신을 표현하며 굉장한 놀이를 하는 동안 편안해지는 걸 함께 경험했어요. 그래서 어린 시절 놀이가 무엇보다 중요하다고 생각해서 비장애 형제들도 실컷 놀 수 있게 했지 공부만 하라고 강요하지 않았어요.

초등학교 시절 – 방과후 별학교

정찬이의 초등학교 입학을 앞두고 일반 초등학교와 특수학교 중 어디로 갈지 고민했어요. 고민 끝에 당시 살던 아파트 바로 옆 일반 초등학교에 입학했어요. 학교에서 만난 친구가 동네에서도 자연스럽게 친구가 될 거라는 기대가 있었어요. 그렇게 삼형제가 한 학교에 다니게 되었죠.

입학 당시엔 통합교육 보조교사가 없어서 제가 직접 정찬이 보조교사가 되어 학교에 갔어요. 정찬이는 특수반에 있다가 예체능 수업 때만 원반에 가서 수업을 받았죠. 그해 담임 선생님이 누구냐에 따라 학교생활은 수월하기도 어렵기도 했어요. 어떤 선생님은 철저히 정찬이를 배제했어요. 분명히 함께 할 수 있는 활동임에도 정찬이가 힘들 거라고 하면서요. 다른 학생에게 방해가 된다는 이야기겠죠. 저는 정찬이도 다른 학생과 같이 배울 권리가 있다고 생각하는 한편 다른 학생들에게 방해가 되는 건 아닐까 조심스러웠죠. 혼란스러운 두 마음은 정찬이의 학창 시절 내내 지속되었어요.

정찬이는 살이 잘 찌는 체질이에요. 저녁을 먹고 학교 운동장으로 정찬이와 막내를 데리고 가서 운동도 하고 놀았어요. 운동장에 가면 정찬이 반 학생 두 명이 있었는데 밤이 깊어도 집에 갈 생각을 안 하는 거예요.

"늦었는데 너희 집에 안 가니? 집에서 걱정하시겠다."

"저는 할머니랑 살아요. 아빠는 일주일에 한 번 와요."

"그렇구나. 그럼 우리 같이 놀자."

"좋아요. 어차피 저희는 날마다 여기서 놀아요."

그때부터 저녁마다 만나기 시작했어요. 의미를 두고 어떤 놀이를 했다기보다 그네를 타다가 수다 떨고, 비가 오면 비를 맞고 뛰어다니다가 철봉 밑에 물이 고이면 첨벙첨벙 빠지기도 하고요. 제가 어렸을 때 했던 놀이를 가르쳐주면 재밌어했어요. 고무줄도 했다가 사방치기도 했다가 삼팔선놀이도 알려주고, 더우면 수돗가에 나란히 서서 세수도 하고요.

정찬이와 아이들의 관계를 위해 특별한 시도를 했던 건 아니에요. 정찬이와 아이들은 소통에 어려움이 있어도 시간이 지나면서 같이 있는 게 당연하고 익숙해졌어요. 서로 뭘 하라고 재촉하지도 않고, 하고 싶으면 하고 안 하고 싶으면 안 하고 그랬어요.

하루는 정글짐 위에 걸터앉아 아이스크림을 하나씩 들고 이야기를 나누는데, 아이들이 밤마다 여는 학교 같다고 이름을 붙여보자고 했어요. 한 친구가 '별학교'라고 멋진 이름을 붙여줬지요. 별학교는 한 1년 정도 지속했어요. 정찬이가 6학년이 됐을 때 대안학교에 대해 듣게 됐는데 우리 별학교도 그와 비슷하다고 생각했어요.

성미산학교 – 통합여행 프로젝트와 미니샵 프로젝트

정찬이의 중학교 진학을 고민하면서 정보를 찾다가 대안학교인 성미산학교를 알게 되었어요. 특수반 선생님께 성미산학교에 대해 아시냐고 여쭤보니, 안 그래도 저한테 대안학교를 추천하고 싶었다고 그러시는 거예요. 마침 아는 교사가 있다고 소개도 해주셨어요. 높새라는 별칭을 쓰는 교사였죠. 높새는 장애, 비장애 학생이 함께 여행하는 프로젝트를 계획하고 있다고 했어요. 높새가 구상 중인 소규모의 장애·비장애 통합여행 프로젝트가 마음에 쏙 들었어요. 그때까지 정찬이는 저 없이 한 번도 여행을 해보지 못했거든요.

그렇게 성미산학교 입학을 위해 마포로 이사를 했고 학교에서 통합여행 프로젝트를 시작할 수 있었어요. 여행지에서 특별한 활동을 하는 건 아니었어요. 교사가 학년이나 장애 여부에 상관없이 여행이 필요하다고 판단되는 학생들에게 여행을 제안했고 자극이 적은 곳으로 떠나 편히 쉬는 게 목적이었어요. 휴양림의 통나무집에서 묵으며 그 지역에서 같이 장을 보고 식사 준비하고 산도 올랐어요. 숲속에서 맘껏 소리 지르고 뛰기도 하고요. 당시 공교육에서는 상상할 수 없는 프로젝트였죠. 통합여행 프로젝트는 정찬이가 졸업할 때까지 계속 진행됐어요. 그때 사진을 보면 같이 간 비장애 학생이 정찬이 배를 베고 아무렇지 않게 누워서 쉬고 있어요. 소수 멤버들이 여행을 계속하니 함께 있는 시간이 자연스러워진 거죠.

쉬고 먹고 산책하는 여행에서 교사는 학생 개개인을 섬세하게 관찰할 수 있었어요. 정찬이는 강박이 있어요. 모든 물건이 제자리에 있어야 하고 어질러져 있는 건 바로 치워야 해요. 요리하고 식사 준비하는 것을 좋아하고요. 그래서 정찬이는 요리 프로젝트를 진행하면 좋겠다는 의견이 여행 중에 나왔어요. 일상에서의 강박이 요리할 때는 강점으로 작용할 수 있으니까요.

그렇게 학교에서 쿠키를 만드는 미니샵 프로젝트로 연결됐어요. 교사 윤슬이 기획하고 저와 함께 진행했어요. 공간 한쪽에 가정식 오븐을 놓고 마을 주민인 제비꽃이 정찬이와 피아노에게 쿠키 만드는 법을 가르쳐줬어요.

쿠키는 재료 계량이 중요해요. 옆 사람이 계량하면 정찬이가 가재 눈을 뜨고 지켜봐요. 1그램이라도 틀리면 "안 돼요!"라고 외치죠. 그렇게 만든 쿠키가 정말 맛있었어요. 학교 구성원들 모두가 맛을 인정했죠. 그래서 학교 중정에 리어카를 두고 판매까지 하게 되었어요.

초등학생들이라 학교에 돈을 가지고 오면 잃어버릴 수 있으니 아침에 쿠폰으로 바꿔줘야 했어요. 정찬이 후배 질문왕이 쿠폰으로 교환해주는 일을 맡았어요. 아침에 일찍 와서 1학년 복도에 책상을 놓고 쿠폰으로 바꿔줬죠. 질문왕에게도 역할이 하나 생긴 거예요.

점심식사 후에 쿠키 판매가 시작되면 학생들이 리어카 앞에 줄을 서요. 그럼 정찬이가 쿠폰을 받고 쿠키를 집어주죠. 그때 얼굴이 너무 환하고 행복해 보였어요.

쿠키를 다 팔면 정산해서 정찬이에게 활동비를 줬어요. 활동비를 받으면 무조건 다 쓰게 했고, 자연스레 돈이 있어야 맛있는 걸 사 먹을 수 있다는 걸 알게 되었어요.

겨울에는 학교에서 어묵이랑 와플도 팔았어요. 와플을 구워서 과일 잼을 발라서 줬어요.

"형, 나는 딸기잼 발라줘."

"오빠, 나는 사과잼 발라줘."

어린 동생들이 정찬이에게 와서 말을 걸었죠. 가끔 소리 지르며 복도를 뛰어다니던 덩치 큰 형이 쿠키도 굽고 와플도 만들었다니까 신기했나 봐요. 몇 번씩 확인하는 동생들도 있었어요.

"이거 진짜 형이 만든 거야?"

이런 소통이 교실 수업에서는 이루어지기 어렵잖아요. 미니샵 프로젝트는 살아 있는 통합교육이었죠. 정찬이는 미니샵 활동을 정말 즐거워했어요. 학교를 다니면서 가장 편안했던 기간으로 기억해요. 프로젝트가 끝나면 중정에서 비눗방울을 불며 여유롭게 쉬던 정찬이 모습이 생각나네요. 즐겁게 활동에 집중한 뒤에 이어지는 편안한 휴식. 성인이 된 지금도 일상에서 이런 활동과 휴식을 찾아내는 것은 여전히 숙제로 남아 있어요.

학교 카페 '미니샵'

그렇게 미니샵 프로젝트를 하다가 정식으로 학교에 카페를 만들자는 이야기가 나왔어요. 중정에 미디어 교실이 있었는데, 사방이 유리인 데다 학교 외부로 통하는 문도 따로 있어 학교 카페로 딱 적당했어요. 그때 일부 학부모들 사이에서는 학생 한두 명을 위해 돈을 들여 공간을 만드느냐는 이야기가 나오기도 했어요. 미니샵은 정찬이로 인해 시작되긴 했지만, 장애 학생과 비장애 학생이 그곳에서 할 수 있는 활동이 많아지길 바랐어요.

카페를 만들면서 일이 커졌고, 미니샵 프로젝트를 위한 통합회의를 진행했어요. 교사 윤슬, 스콜라, 마을 주민 짱가, 피아노 아버지 뚜벅이 그리고 제가 참여했어요. 짱가가 미니샵을 예비사회적기업으로 하면 좋겠다고 하셨어요. 저는 그때까지 공모사업은커녕 가계부도 써본 적 없는 사람이었거든요. 다행히 뚜벅이가 서류 작업을 도와주셔서 미니샵이 예비사회적기업으로 선정되었고 3년간 지원을 받았어요. 그래서 미니샵에 참여한 마을 주민들에게 최저 시급이지만 월급을 드릴 수 있었고, 지원받는 동안은 안정적으로 운영할 수 있었어요. 미니샵 프로젝트는 학교 카페, 그리고 피아노가 알라딘과 함께하는 '성미산공방' 두 방향으로 운영되었어요. 성미산공방은 밀랍초를 만들고 양모펠팅을 했어요.

미니샵 운영을 하며 학교 구성원들과 접점이 많아졌어요. 학교 구성원과 마을 주민이 찾는 카페의 역할을 하면서 학생들이 함께 활동하는 공간도 되었어요. 점심시간에 쿠키를 판매하겠다고 자원하는 학생들도 있었고요. 정찬이가 쿠키를 만들고 있으면 쉬는 시간에 어린 동생들이 와서 구경하다 손을 보태기도 했어요.

미니샵은 비장애 학생들이 기획한 프로젝트도 진행했어요. 한 학생이 아침밥을 안 먹고 오는 교사들이나 학생들을 위해서 브런치를 만들어보고 싶다고 해서, 메뉴 개발과 연습을 거쳐 실제로 브런치를 만들어 판매도 해봤어요. 저녁에 포스트중등 학생들이 복작거리며 콩나물 라면을 만들어 팔았던 것도 기억나요. 저도 정찬이와 가끔 사먹었어요. 비장애 학생이 미니샵 로고 개발 프로젝트도 진행했어요. 그 로고로 미니샵 간판을 만들지 못했는데 그게 좀 아쉬워요. 포스트중등 학생들의 활동으로 미니샵은 활기가 더해졌어요. 미니샵은 학생들의 인턴십 공간으로도 훌륭했고, 다른 대안학교의 장애 학생 인턴십 공간으로도 큰 역할을 했어요. 저도 인턴십 학생들과 지지고 볶으며 일하는 게 적성에 딱 맞더라고요. 미니샵에서 3년여간 학생들과 다양한 경험을 하며 즐겁게 지냈어요.

학교를 졸업한 발달장애인

정찬이가 고1 때 집안 사정으로 이사를 해야 했어요. 집에서도 학교에서도 힘들었던 시기죠. 다른 사람을 물거나, 물건을 던지거나, 소리 지르는 일이 잦았어요. 학교에서 뭔가 힘든 상황이 벌어지고 있고, 소통이 어려운 아이가 보내는 신호라는 생각이 들었어요.

통합지원교사 팀장인 메이를 찾아갔어요. 힘들었겠다고 위로해주시며 같이 해결해보자고 했어요. 메이가 주관하고 통합지원교사들과 저를 포함하는 일종의 비상대책위를 꾸렸어요. 정기적으로 회의를 하며 정찬이의 일상을 공유하고, 이런저런 자극은 줄여보자 여러 제안을 하고 시도하면서 정찬이의 학교생활은 조금씩 안정되어갔어요. 이런 과정은 정찬이나 학교에 중요하고 필요한 시간이었다고 생각해요. 그럼에도 저에겐 살면서 정찬이에게 가장 미안했던 일로 남았어요. 좀 더 일찍 문제를 제기해서 정찬이를 그렇게까지 힘든 상황으로 몰아가지 말아야 했어요.

정찬이가 성미산학교를 졸업하고 예비사회적기업 지원도 종료한 시점에, 미니샵을 지속할지 선택해야 했어요. 당시 저는 힘들고 지치기도 해서 미니샵을 정리하기로 했지요. 그런데 막상 학교를 나오니까 막막한 거예요. 그동안 미니샵을 기반으로 만들어진 정찬이의 관계들이 딱 끊어졌으니까요. 성미산학교를 졸업했거나 졸업을 앞둔 장애 학생들의 부모님들과 이야기하는 자리를 만들었어요. 여기서 '성미산장애인마을공동체'가 시작되었어요. 교사 메이가 애정을 갖고 부모 모임을 끌어갔죠. 학교를 졸업한 발달장애인 대부분은 갈 곳도 일할 곳도 없었어요. 부모들은 지역에서 뭔가를 해보자는 공동의 목표를 가지게 됐어요. 자연스레 우리가 마을에 일자리를 만들자는 이야기가 나왔죠.

마을과 연결된 일터 – '좋은날 더치공방'

부모 모임에서 '왓파 공동체'에 관한 다큐를 봤어요. 일본에서 장애인과 비장애인이 함께 일하는 공동체에 관한 이야기였죠. 특히 중증발달장애인이 자연스럽게 일터에서 어우러져 지역에서 낮이나 밤이나 활동지원을 받으며 살아가는 장면은 충격이었어요. '지역에서 이렇게 살면 되겠구나. 우리도 마을에서 한번 시도해보자'라는 의욕이 솟았어요.

그즈음 부모 모임 모꼬지에서 커피사업을 하는 좋은날이 마을에 더치커피 공방을 만들어보자고 제안했어요. 방울방울 떨어지는 더치커피를 만드는 일은 발달장애인이 여유 있게 하기에 잘 맞을 것 같았어요. 작은 규모로 천천히 만들어서 팔면 되겠다 싶었죠. 이야기가 나오자 일이 일사천리로 진행됐어요. 석 달도 안 되어 공간을 구하고 협동조합도 뚝딱 만들었어요.

꿈만 같았어요. 일이 너무 재밌었죠. 새벽부터 나와서 커피 내리는 걸 지켜보기도 하고, 메이와 함께 똑똑 커피 떨어지는 모습을 바라보며 밤새 이야기를 나누기도 했어요. 마침 학교 행정실에서 일하다 쉬고 있던 비우에게 제안하여 같이 일하게 되었지요. 좋은날협동조합은 마을의 발달장애인 청년들과 만나고 일하는 공간이 되었어요.

• 정찬과 소피아

물론 처음에는 시행착오도 많았어요. 원두를 갈고 더치커피를 내리고 포장박스를 접는 등 청년들이 하는 일이 반복 작업이잖아요. 정찬이는 점차 흥미를 잃고 힘들다는 신호를 보냈어요. 비우와 고민을 많이 했고, 공방은 새로운 시도를 하게 됐죠. 출근하면 스스로 몇 시부터 몇 시까지 어떤 일을 할지 정하게 하고, 대신 자기가 정한 것은 잘 지키도록 곁에서 지지해줬어요. 그러자 차츰 평화로워졌어요.

청년들이 일하기 편하게 아이디어를 내기도 했어요. 박스에 더치커피 파우치가 12개씩 들어가는데, 세는 데 어려움이 있는 청년은 지원이 필요했어요. 그래서 테이블에 노란색 테이프로 12개의 칸을 만들어놓았더니 스스로 하나씩 채워 넣는 작업이 가능했어요. 더치커피 공방도 미니샵과 마찬가지로 성미산학교 장애 학생의 인턴십 공간이 되었어요. 발달장애청년들과 같이 일하고, 쉬는 시간엔 동그란 테이블에 앉아 간식을 먹거나 이야기하고 놀았어요. 주말엔 홍대 앞이며 노래방이며 놀러 다니기도 했고요.

그러다 공방에서 만든 더치커피를 마을에 자리한 울림두레생협 성산점에 납품하게 되었어요. 일단 커피 맛이 좋았고 발달장애청년들이 마을에서 커피를 생산한다는 이야기가 알려져 다른 지역 생협에서도 주문이 들어왔어요. 나중엔 두레생협 전국연합회에도 납품하게 되었죠.

좋은날협동조합은 중증장애인 청년들이 그들의 속도에 맞추어 천천히 일하면서 그 작업물인 더치커피로 마을과 관계를 맺어가는 공방이었어요. 그러나 조합에도 위기가 찾아왔어요. 조합원 일부가 공방의 규모를 키우길 원했거든요. 조합의 비전을 조합원들과 만들어가지 못했고, 소통에 어려움도 있었어요. 결국 저는 조합을 탈퇴했어요.

미니샵 프로젝트와 좋은날협동조합을 진행하면서 배운 것은 수익에서 자유로운 일터라면 중증장애인도 비장애인과 함께 일하는 것이 가능하다는 것, 그리고 그렇게 일을 통해 지역과 연결될 수 있다는 것이었어요. 그러다 이 경험은 시간이 흐르면서 꼭 '일'을 해야 할까 하는 질문으로 이어졌죠.

사부작의 시작과 아름다운재단 지원사업

미니샵을 정리하면서 들었던 고립감이 조합을 떠나면서 다시 닥쳐오진 않을까 걱정이 되었어요. 우리 존재를 마을에 계속 알려야겠단 생각이 들었죠. SNS도 잘 모르던 제가 페이스북 계정을 만들어 우리의 일상을 알리기 시작했어요. 페북을 하는 마을 주민들이 꽤 많았거든요.

정찬이와 같이 마을에서 어떤 활동을 할 수 있을까 고민하다가 도시락을 만들기로 했어요. 정찬이가 달걀말이를 잘 만들거든요. 달걀말이 만드는 모습이랑 완성된 도시락 사진을 찍어서 페북에 올리고 주문을 받았어요. 그걸 보고 마을 사람들이 주문을 해주었어요. 성미산학교 선생님들이 저녁 회의 시간에 먹을 도시락을 주문하면, 정찬이와 도시락을 들고 가서 식사하는 동안 같이 이런저런 이야기를 나누었지요. 정찬이가 사람을 만날 수 있어 참 좋았어요.

그러다 마을에서 시간을 더 보낼 수 있는 활동은 뭐 없을까 찾아봤어요. 마을에 주민들이 옷이나 물건 등을 기증하고 필요한 사람이 사가는 되살림가게가 있어요. 오래전 그곳에서 자원활동을 한 적이 있어 익숙한 곳에서 활동을 해보기로 했죠. 가게가 좁아서 걱정은 됐지만 정찬이가 두 시간은 버틸 수 있지 않을까 생각했어요. 활동 시간은 한 시간부터 시작해서 서서히 늘려갔어요. 정찬이와 옷 정리도 하고, 빈 옷걸이도 꺼내놓고, 금고에 있는 돈을 세어 정산도 했어요. 정찬이는 돈 세는 걸 제일 좋아했어요. 손님에게 큰 소리로 인사를 건네는 것도 중요한 일이었어요. 정찬이 인사 듣는 게 좋아서 그 시간에 일부러 들르는 어르신도 생겼죠. 이렇게 사람들을 만나고 관계를 맺으며 살면 좋겠단 생각을 했어요.

마을에서 정찬이의 활동이 늘어나면서 편히 쉴 곳이 있으면 좋겠다고 생각했어요. 그즈음 가을하늘에게 연락이 왔죠. 가을하늘 딸과 정찬이는 성미산학교를 함께 다녔어요. 정찬이가 학교를 졸업하고 잘 안 보이는데 어떻게 지내느냐며, 관심 있는 사람들과 함께 뭐라도 해보자고 제안해왔어요. 그걸 계기로 저와 연두, 타잔, 다래, 가을하늘 다섯 명이 만나 모임을 시작하게 되었어요.

일주일에 한 번 만나서 수다 떨 듯 이런저런 이야기를 했어요. 처음엔 마을카페 작은나무에서 만나 뜨개질 모임도 하고 정찬이는 쿠키를 구워 판매하는 것 같은 소박한 그림을 구상했어요. 공간이 없어서 카페나 식당에서 모임을 이어갔는데 '소풍 가는 고양이(소고)' 대표 씩씩이가 카페에서 회의하는 게 정찬이한테 힘들지 않겠냐며 소고 제2공간이 비어 있으니 그곳을 이용하라고 하는 거예요. '소풍 가는 고양이'는 탈학교 청년들의 자립을 위한 도시락 배달 가게였어요. 그리고 제2공간은 함께주택 1호 1층, 지금의 사부작 공간이죠. 회의를 하며 우리에게도 이런 공간이 있으면 참 좋겠단 생각을 했는데 그게 실현되었다는 게 지금도 놀라워요.

사부작을 시작하고 몇 년 사이에 많은 변화가 있었어요. 처음엔 당장 할 수 있는 발달장애청년 자조모임을 진행했어요. 그러다 아름다운재단 지원사업을 신청하게 되었어요. 사업계획서를 쓰기 위해 활동가들과 정말 많은 이야기를 나누었어요. 그러면서 사부작이 하고 싶은 일들, 활동 방향, 구체적 내용들이 채워졌죠.

아름다운재단 변화의시나리오 공익단체 인큐베이팅 지원사업에 선정되면서 사부작은 3년 동안 상상했던 활동을 맘껏 시도해볼 수 있었어요. 매해 연속 지원사업 신청서를 쓰면서 지난 활동을 평가하고 다음 사업을 계획하면서 성장할 수 있었고요. '사부작 모델을 어떻게 확산할 것인가'라는 과제로 계속 고민을 해야 했어요. 그 고민은 지금도 진행 중이죠.

지역 내 당사자 지지 그룹의 필요성

사부작 활동가들은 모이기만 하면 많은 이야기를 나눠요. 활동가뿐만 아니라 길동무, 사부작에 들르는 마을 주민 모두 수다 떨기를 좋아하죠. 이렇게 정찬이를 비롯한 청년들의 이야기를 편히 나눌 수 있는 곳이 있다니, 얼마나 큰 힘이 되는지 몰라요. 장애 당사자와 부모님, 조력자, 길동무가 언제든 지역에 편히 들를 공간이 있고 이야기를 나눌 사람들이 있다면 얼마나 좋을까요?

〈길가의 풀〉은 중증발달장애인들이 24시간 활동지원을 받으며 지역에서 살아가는 일상을 담은 일본 다큐멘터리 영화예요. 영화에선 2~3명의 활동지원사가 장애인 한 분을 지원해요. 당번을 정해서

24시간 활동지원을 하죠. 다큐에 나오는 활동지원사는 장애인 당사자를 오랜 시간 지원하며 결혼도 하고 아이도 생겼어요. 활동지원사가 당사자를 주말에 초대해서 자신의 가족과 함께 시간을 보내는 장면이 나와요. 일을 넘어 일상을 함께하고, 당사자와의 관계가 자신의 가족까지 확장된 거예요. 일본은 활동지원을 하면서 안정적으로 가정을 꾸리고 살 수 있구나 하고 유추할 수 있는 장면이기도 했어요. 그에 비해 우리나라는 너무 열악하죠.

발달장애청년과 활동지원사가 사부작에 같이 오기도 해요. 특이한 것은 활동지원사들 중 몇 분이 마을 주민이라는 거예요. 사부작은 활동지원사와 청년들의 일상을 공유하고 고민도 나누는 역할을 하고 있어요. 이야기를 나누다 떠오른 아이디어를 활동가와 활동지원

• 일본 '왓파 공동체' 탐방

사가 같이 실천해보기도 해요. 그래서 우린 사부작에 오시는 활동지원사도 길동무라고 부른답니다.

다른 지역에서 활동하던 활동지원사 분이 방문한 적도 있었어요. 페북에서 사부작 활동을 보았고, 왠지 여기 오면 함께 고민을 나눌 수 있을 것 같았다고 하셨죠. 실컷 이야기를 하시더니 들어줘서 고맙다고 했어요. 사부작을 찾는 그런 분들과 청년의 삶에 대해서 같이 고민하고 논의하는 일도 사부작의 중요한 역할이에요.

이번에 정찬이 활동지원사를 새로 만났어요. 마을 분인데 저희 활동에 관심이 많은 분이시죠. 몇 해 전 일본의 왓파 공동체에 탐방 갈 때도 함께 다녀왔어요. 관심이 많으니 활동지원사와 협업하는 새로운 모델을 만들어갈 수 있을 거라고 기대해요.

지역 네트워크도 중요해요. 냐웅이와 혜정에게 지역의 무지개의원 조합원 가입을 권했어요. 무지개의원과 계속 연결되어 청년들의 건강을 논의하고, 건강관리 자조모임도 운영할 수 있으면 좋겠어요. 지역의 단체들과 기관들, 옹호가게들도 길동무들과 함께 모두 청년들의 지지 그룹이 될 수 있어요.

청년들의 다양한 활동은 모두 '노동'이다

'길동무연결'은 사부작의 가장 중요한 활동이에요. 사부작 활동가들은 지역에서 오래 활동을 해와서 각자의 네트워크가 있어요. 청년들과 지역 주민의 연결은 대부분 활동가의 네트워크를 통해 이루어지죠. 성미산마을에서도 길동무연결이 쉽지만은 않아요. 마을 주민 중엔 여전히 발달장애인과 관계 맺는 것을 어렵게 생각하는 분도 많아요. 어떻게 대해야 하는지 가르쳐달라고 하시는데, 사실 난감한 질문이에요. 저도 잘 모르니까요. 누군가를 알려면 일단 만나봐야 해요. 장애인이든 비장애인이든 자꾸 만나면서 익숙해지고 소통 방법을 알아가는 건 똑같아요.

사부작엔 그림 그리기를 좋아하는 청년들이 있어서 그림 동아리 '모던양파'가 만들어졌죠. 일주일에 한 번 모여 그림을 그리고 지역에서 전시회도 열어요. 전시를 보러 온 마을 주민에게 그림을 소개할 때 청년들이 가장 생기 있고 빛나요. 모던양파 청년들에게 사부작 활동 홍보 포스터와 포럼 자료집 표지에 쓸 그림을 의뢰하기도 해요.

'선샤인아놀드홀라'는 일주일에 한 번 마을 주민 가지에게 춤을 배워요. 성미산마을 청년 축제와 마포 로컬리스트 컨퍼런스 폐막식에 초대되어 공연도 했고요. 공연할 때마다 감동의 후기가 전해지는데, 청년들이 길동무와 무대에 서는 순간부터 관중들의 마음을 흔드는 것 같아요.

지역과 연결된 활동은 참여한 청년들에게 활동비를 지급하려고 노력하고 있어요. 홀라춤 팀 공연비는 청년들과 나누고 있어요. 마포돌봄네트워크 소속 단체의 기념일에 케이크를 들고 찾아가 축하하는 일에 활동비를 받는 건 벌써 3년째 진행하고 있어요. '사부작뮤직'의 공연이나 워크숍에 보조강사로 참여하는 일, '옹호가게프로젝트'에서 가게를 방문하는 활동도 빼놓을 수 없죠. 이런 활동들은 발달장애인의 문화예술 활동 혹은 당사자 권리옹호 활동이에요. 모든 활동은 발달장애인이 지역 곳곳을 방문하여 사람을 만나고 거리를 활보하는 것을 목표로 해요.

요즘 왓파 공동체 다큐를 만든 감독의 이야기가 계속 떠올라요. 왓파 25주년 기념식 무대에 와상 장애인이 등장했는데, 왓파를 시작하고 지금의 모습이 될 수 있게 해준 가장 중요한 사람이라고 소개했다는 내용이었어요. 사부작청년들 한 명 한 명 모두가 사부작이 마을에서 활동을 만들어내는 데 영감을 줘요. 그 활동을 통해 지역을 활보하며 다양한 사람들을 만나 마음을 움직이게 하고요. 경계 없이 다정하게 지내는 마을의 새로운 문화를 만드는 사람들은 바로 청년들이죠. 그렇다면 사부작청년들의 다양한 활동이 노동으로 인정되어야 하지 않을까요?

사부작이 주최한 '2023 발달장애와 마을포럼 - 노동을 말하다'에서 김도현 님을 초대해 새로운 관점의 노동을 이야기했어요. 노동 메커니즘이 이윤을 창출하는 관점으로만 작동한다면 장애인, 노인과 같은 노동 약자들은 지금처럼 계속하여 노동에서 배제된다는 거예요. 어떤 활동이 그 사람의 생존을 위해 일어난다면, 활동이 주변 사회의 변화에 영향을 미친다면, 그 활동은 가치가 있으므로 노동으로 인정받아야 한다는 것을 확인하는 자리였어요. 포럼에선 중증장애인의 활동을 노동으로 인정하는 사례도 공부했어요. 노들야학에서 권리중심 중증장애인 맞춤형 공공일자리로 이미 실현하고 있더라고요. 야학에서 수업으로 진행되었던 춤과 연주 연습이 지역으로 나가 공연을 매개로 주민들과 만나는 활동으로 확장되고, 이 모든 것이 노동으로 인정되는 놀라운 일이 벌어진 거예요. 사부작청년들의 활동도 노동이라는 확신이 생겼어요.

지금 서울시가 시행하는 권리중심 공공일자리 기관으로 참여하려면 요구 조건이 있는데, 사부작의 운영 규모로는 충족하기가 어려워요. 게다가 현 상황에서 서울시가 일자리를 확대하는 것은 기대할 수도 없고요. 사부작에겐 '청년들이 이웃과 함께하는 마을 활동을 어떻게 공적 노동으로 인정받게 할 수 있는가?'라는 과제가 남았어요.

마을과 함께 풀어가는 과제

성미산마을엔 많은 단체가 활동하고 있으니, 마을의 네트워크가 노동의 문제를 풀어가는 것도 의미 있을 것 같아요. 사회적 약자 문제에 관심 있는 사람들로 모임을 구성하여 사부작청년들의 활동에 급여를 지급할 수 있는 모델을 만들 수 있으면 좋겠어요. 이 모델이 정책에 어떻게 반영되게 할 수 있을지 고민도 하면서요. 마을과 함께 노동을 공부하면서 과제를 풀어가는 걸 상상하니 벌써 마음이 벅차네요.

사람들이 중증장애인의 노동에 대해서는 단순 조립 외에 생각을 못 하는 경우가 많아요. 이 얘기를 했을 때 처음 들어보는 경우가 대부분이라, 놀라워하죠. 그래서 천천히 가더라도 마을에서 만들어갈 필요가 있는 것 같아요. 작년에 이어 올해 사부작 포럼의 주제도 노동이 될 거예요.

사부작은 청년들이 마을에서 다양한 활동으로 사람들과 관계 맺으며 살아가길 바랍니다. 그 활동이 노동으로 인정되어 안정된 생활을 하면서요. 청년들이 정당한 임금을 받으면서 길동무들과 동네 구석구석 돌아다니는 상상을 합니다.

성미산마을이니까 사부작이 가능하다는 말을 자주 들어요. 물론 맞는 말이지만 저는 감히 사부작 덕분에 성미산마을이 더 풍부해졌다고 생각해요. 마을 단위 단체들이 행사를 기획할 때 장애를 고려하는 게 당연한 태도가 됐어요. 행사에 사부작청년들이 참여하려면 무엇을 준비해야 하는지 물어오죠. 마을에서 사부작은 장애와 관련한 의논 상대가 됐어요.

사부작이 성미산마을의 미래라고 이야기하시는 분도 있어요. 사부작이 장애와 비장애의 경계 없는 문화를 만들고, 마을을 변화시키고 있다고요. 그런 시각으로 봐주는 사람이 있다니 인정받는 느낌이고 뿌듯해요. 앞으로도 사부작이 마을을 성장시키는 데 중요한 역할을 했으면 좋겠어요.

상상, 연결, 그리고 연대

활동가 연두

다 기억하고 있어

첫째 인서(유예)랑 둘째 인찬(마카롱)이는 연년생이에요. 인서를 키워봐서 인찬이가 다르다는 것을 일찍 파악했던 것 같아요. 인찬이는 인서에 비해 반응이 느리고, 사람보다는 사물에 관심이 더 많았어요. 사람이 옆에 있어도 별로 쳐다보지 않고 장난감에 더 관심이 있었어요. 인찬이가 첫째였으면 '남자애들은 다 이런가 보다' 하고 넘어갔을 것도 같아요.

저는 언니가 셋이라 조카를 돌본 경험이 많았고, 아이들을 잘 다룬다고 생각했었죠. 그런데 인찬이를 키우면서 날마다 무능하다고 느꼈어요. 아기들은 신기하게 말을 하지 않고도 불편하거나 좋다는 것을 어떤 식으로든 표현하는데, 인찬이는 울음소리에 차이가 없었어요. 기저귀가 젖었는지, 배가 고픈지, 놀고 싶은지를 추측해서 알아내야 했어요. '뭐지? 뭐지?' 하면서 계속 허둥지둥했어요. 눈 맞춤이 안 되고, 안았을 때 제가 손을 놓으면 아이가 매달리지 않고 그대로 떨어질 듯했어요. 당시는 정보가 별로 없어서 혼자 고민을 했지요.

아이가 18개월 때 폐렴으로 입원을 했는데 마침 병원에 발달센터가 있었어요. 의사가 반응이 느린 편이지만 아직 어리니 더 키우다가 다시 검사를 받아보라고 했어요. 공식 진단을 받을 때까지 병원을 여러 군데 갔어요. 그러면서 알게 된 건 의사의 전공에 따라 진단명이 달라질 수 있다는 사실이었죠. 인찬이를 '발달성 언어장애'라고 진단 내린 의사가 있었는데, 나중에 알고 보니 그 사람은 많은 케이스를 '발달성 언어장애'로 진단하더군요. 자폐가 아닌 걸 다행으로 알라고 말했던 의사도 있었고요.

그러다 인찬이가 30개월 정도 되었을 때 지역의 장애인복지관에서 '고위험군 영유아를 위한 교실'이라는 프로그램을 운영한다는 걸 알게 됐어요. 사회복지사와 작업치료사, 임상심리사가 한 팀을 이뤄서 발달이 느리거나 장애가 의심되는 영유아들을 위해 조기에 중재가 들어가는 1년짜리 프로그램이었어요. 인찬이도 활동을 재미있어 하고 선생님들과 상의해가면서 아이를 키울 수 있어서 저에게도 도움이 되었어요. 아이들 수업할 때 부모교육도 해줘서 정보도 많이 얻고 어떤 공부를 해야 할지도 알게 됐고요.

그 기간에 어린이병원에서 '비전형 자폐성 장애'라는 진단을 받았어요. 요새는 진단명이 '자폐스펙트럼 장애(ADS, Autism Spectrum Disorder)'로 통일되었죠. 인찬이가 우리 나이로 다섯 살 되던 해였어요. 인찬이는 지능의 하위 영역 간에 격차가 컸어요. 공간 관련 지수는 무척 높고 언어 기능은 전반적으로 낮았는데, 이렇게 편차가 클 경우 사람들에게 이해받지 못해 사회생활에 어려움이 있을 수 있다고 했어요.

아이의 장애를 발견하고 나면 충격에 빠져서 한동안 받아들이는 과정을 겪는다고 하잖아요. 저는 어렴풋이 아이가 장애가 있을지 모른다는 인지를 하고 있었기 때문에 충격이 크거나 오래가진 않았어요. 어찌 보면 제가 유복하게 자라지 않은 것이 이런 일을 받아들이는 데 강점이 됐던 것도 같아요. 저는 온갖 문제를 해결하면서 살아왔거든요. 낯선 일이나 어려움이 닥쳤을 때 이렇게도 해보고 저렇게도 해보고, 그래도 안 되면 다음 장으로 넘어가는 것에 저도 모르게 훈련이 되어 있었던 셈이죠.

인찬이가 고2 때 침대에 나란히 누워서 수다를 떨다가 어릴 때가 기억나는지 물어봤어요. 그런데 영유아 교실에서 배운 노래를 기억하더라고요. 내가 처음을 불렀더니 그 뒤를 다 불러요. 깜짝 놀랐어요. 인찬이는 어렴풋하게 몇몇 장면들이 기억난다고 했어요. 아이들과 선생님 이름도 기억하더라고요. 말을 거의 하지 않았기 때문에 그때 일을 기억하고 있을 줄 몰랐어요.

아이를 함께 키우는 경험

인찬이는 말이 늦었어요. 여섯 살 때 처음 "엄마!" 하고 불렀어요. 그 전엔 "이 사람은 누구야?" 하면 저를 보면서 "엄마"라고 말할 순 있었지만, 엄마라는 호칭으로 정확히 부른 건 여섯 살 때였죠. 저는 덩치는 작지만 젊을 때라 아이를 데리고 여기저기 많이 다녔어요. 남편인 좋은날이 한창 바쁘던 시절이라 제가 육아를 도맡아 할 수밖에 없었어요. 인서를 안고 인찬이는 업고 언니네 집, 친구네 집 버스를 갈아타며 다녔어요. 막막하고 외로웠죠.

특수교육을 하는 치료실은 딱 하나만 정해 다녔어요. 언어치료나 놀이치료 같은 걸 하는 곳이었죠. 수업에서 언어나 사회성을 익히는 것보다 지금 인찬이에게 필요한 게 뭔지 함께 의논할 전문가가 필요했어요. 어린이집에 보낼 때도 그렇게 소통이 되는 곳이면 좋겠다 싶었고, 인찬이에게는 일반적인 교육과정이 맞지 않을 것 같아서 공동육아를 알아봤어요.

그때는 안산에 살고 있었는데, 마침 동네에 공동육아 어린이집이 두 곳 있었어요. 지인이 조합원인 어린이집에 먼저 문의를 했어요. 자기네는 장애아동을 받을 준비가 안 돼 있다면서 거절하더군요. 지인도 당황하며 미안해했어요. 속이 많이 상했죠. 그런 적나라한 배제는 처음 당해봤어요. 얼마 뒤 다른 공동육아 어린이집인 영차어린이집에서 연락이 왔어요. 저희를 만나고 싶다고 해서 온 가족이 같이 갔는데, 보자마자 이렇게 이야기했어요.

"우리가 뭘 준비하면 될까요?"

장애아동을 돌본 경험은 없지만 한번 해보겠다고요. 잔잔하고 따뜻한 환대의 말에 목울대가 콱 막혔던 기억이 나요. 경험이 없고 준비가 부족한 상황은 똑같지만, 두 어린이집은 전혀 다른 결론을 내렸지요. 그 관점의 차이는 두고두고 곱씹어보게 돼요.

인서와 인찬이는 그렇게 환대받으며 영차어린이집에 들어갔고, 인찬이의 선생님은 장애·비장애 통합교육을 공부하러 다니셨어요. 일주일에 한 번 안산에서 서울 서교동까지 1년 동안이나 오가며 공부하셨어요. 선생님이 교육을 받으러 가는 날엔 모든 조합원이 월차를 내고 돌아가면서 아이들을 돌봤어요. 공동육아라는 말뜻 그대로

• 연두와 마카롱

정말 아이를 함께 키우는 경험이었지요. 공동육아 초창기라 열정 넘치는 부모들이 많았고, 좋은 배움을 많이 얻었어요.

인서는 영차어린이집을 졸업하고 집 근처 초등학교에 입학했어요. 인찬이랑 연년생이지만 학년은 두 학년 차이가 나요. 인찬이가 영차어린이집을 마치는 인서 3학년 때 성미산마을로 이사를 할 계획이었어요. 그러다 인서 학교에서 안 좋은 일이 있었고, 1년을 앞당겨 성미산마을로 오게 되었어요. 영차어린이집은 저에게 방향을 제시해 주고 어떻게 살아야 하나를 고민하게 했어요. 많은 사람들이 걷는 길을 따라 걸을 것이 아니라 내가 가고 싶은 길을 만들 수 있다는 걸 발견하게 되었달까요. 저는 지금도 영차어린이집 개원 잔치에 간답니다. 두 아이 덕에 우리 가족이 마을공동체에 발을 들여놓게 되었죠.

대안을 찾아서

인서가 초등학교에 입학하고 교사를 하면 안 될 사람을 담임으로 만났어요. 월요일 1교시 수업할 시간에 인서가 집으로 돌아왔어요. 무서워서 교실에 못 들어갔다고 하더라고요. 금요일에 반 친구가 선생님한테 맞았는데 그 순간이 떠올라서 못 들어갔다고 했어요. 부모 대표한테 전화해서 부모들을 소집해달라고 했죠. 반 아이들 기억에 37대를 때렸다고도 하고 어떤 아이는 100대 넘게 때렸다고도 했어요. 선생님은 애들이 거짓말하는 거라고, 자기는 체벌을 절대 하지 않고 교육적으로 필요할 때 손바닥 한 대 정도 때린다고 했어요. 체벌 문제뿐 아니라 언어폭력과 촌지 문제 등 여러 가지 비리가 드러나 교장 면담도 했는데, 그 교사가 그럴 분이 아니라고 편을 들더라고요. 그 이야기를 듣고 교내에서 해결하기는 어려울 것 같으니 다 일어나자고 했어요. 그제야 교장이 사과하면서 그 교사를 담임에서 물러나게 했어요. 그나마 다행히 좋은 분이 담임을 맡아주셔서 인서가 공교육에 대한 편견 없이 마무리할 수 있었어요. 그러면서 성미산학교 입학을 더 빨리 알아보고 1학년 겨울방학을 하자마자 성미산마을로 오게 된 거예요.

2006년에 이사 와서 지금까지 성미산마을에 살고 있어요. 지금 사는 집은 모란이 살던 집이었는데, 우리가 집을 보러 갔을 때 따뜻하게 맞아주었어요. 모란의 환대가 저한테는 성미산마을의 첫 느낌이었어요. 차분하고 따뜻했어요. 모란 덕에 마을과 그 집이 너무 마음에 들었고 전세를 구하다가 무리해서 집을 사게 되었어요. 지금 생각하면 잘한 것 같아요. 그러지 않았으면 계속 이사를 다녀야 했을 테고, 가파르게 오르는 전셋값을 감당하기 힘들었을 거예요. 여전히 빚은 남아 있지만 그래도 여기서 애들 다 클 때까지 살고 있으니까 다행이죠.

완벽한 환경은 없어

인서는 성미산학교에 들어가고, 인찬이는 마을의 한 공동육아 어린이집에 들어갔어요. 그 어린이집은 영차어린이집과 분위기가 많이

101

달랐어요. 교사와 소통하기가 어려웠죠. 한번은 성미산에 나들이 갔다가 인찬이를 잃어버린 적이 있었어요. 모여서 놀다가 인원 체크를 안 하고 인찬이를 두고 간 거죠. 그런 일이 있을 수는 있어요. 다른 어린이집 교사들이 돌봐주고 있었으니 됐고요. 그런데 그 일이 아이의 장애 때문이라고 했을 때 기가 막혔어요. 인찬이가 졸업하기 전에 제가 총회에서 장애아동 TO를 계속 두자고 제안했어요. 인찬이로 통합교육 경험을 쌓았으니 이어갔으면 좋겠고, 저도 할 수 있는 일이 있으면 돕겠다고 했어요. 그러자 교사들이 인찬이 때문에 얼마나 힘들었는지를 이야기하더라고요. 대안을 표방한다 해도 건강하지 않을 수 있다는 것, 완벽한 환경은 없고 싸우고 설득하며 만들어가야 한다는 것을 그때 배웠죠. 물론 지금 그 어린이집은 통합교육도 하고 있고 분위기도 좋다고 들었어요.

인서는 성미산학교로 오자 물 만난 고기 같았어요. 자유의 욕구가 강해 자발적으로 움직이는 걸 좋아하는 아이였거든요. 공교육 경험을 1년밖에 하지 못했지만 통제된 상황에서 교사 말을 잘 듣는 것이 미덕인 곳에 있다가 오니까 더 좋았겠죠. 날개를 단 듯했어요.

인찬이도 2008년에 성미산학교에 입학했고 대체로 잘 적응했어요. 특히 여학생들이 인찬이를 좋아했어요. 교사들과 소통해가며 아이를 키울 수 있어 제겐 태평성대였지요. 다만 인찬이가 입학하고 나서 인서가 인찬이네 교실에 매일 내려갔다고 해서 마음에 걸렸어요. 수업을 잘 받는지 창문 너머로 보고, 설거지도 대신 해준다고 했어

요. 동생 것만 해줄 수 없으니까 반 아이들 설거지까지 다 해줬다고
하더라고요.

그런 인서를 지켜보면서 고민이 많았어요. 인서가 동생으로 인해
부담을 느끼거나 어떤 역할을 하려고 할까 봐 그토록 경계했건만 결
국 이렇게 되는구나 싶었지요. 다행히 한 달 정도 지나고 인찬이가
잘 지낸다 싶으니까 인서도 별로 신경을 안 쓰더라고요. 그런 일은
영차어린이집에서도 있었어요. 자기 반에 있질 않고 인찬이 반에 가
서 귀를 쫑긋 세우고 인찬이를 대변하는 역할을 했어요. 인찬이가 뭘
원하는지 알려주고 싶어 했죠. 차라리 다른 어린이집엘 보낼까 생각
도 해봤는데 교사들이 더 지켜보자고 했어요. 시간이 좀 지나니 더는
찾아가지 않더라고요.

인찬이는 1, 2학년 때는 큰 무리 없이 잘 지냈는데, 3학년부터 남
자아이들 사이에서 어려움을 겪으며 틱이 심해졌어요. 성미산학교에
도 힘의 피라미드는 있었고, 가장 아래에 있는 인찬이는 많이 힘들어
했어요. 여자애들이 대신 나서서 싸우는 일이 많았어요. 아이들이 역
차별이란 말을 많이 했어요. 왜 인찬이는 다 열외시키냐, 왜 인찬이
는 되고 나는 안 되냐고요. 통합교육 현장에서 있을 수 있는 일이죠.
교사도 부모도 정답을 몰랐지만 서로 공유하고 머리를 맞대 이런저
런 방법을 모색했어요.

인찬이도 저도 12년 동안 우여곡절을 겪으며 성장했어요. 성미산
마을, 성미산학교를 이상적인 세계라고 여기는 사람들을 꽤 많이 봤

어요. 완벽한 환경은 없어요. 문제를 함께 다루고 배워나가는 사람들이 더 많은 거죠. 어쨌건 인찬이는 성미산마을이 함께 키운 청년이에요. 이웃들끼리 인사도 안 하고 지내는 곳에서 키웠다면 아마 제 성격이 더 나빠졌을 것 같아요. 피해의식도 더 컸을지도 모르고요. 뭐랄까, 마을에서 아이를 키운다는 건 반쯤은 힘이 덜어지고 안심이 되는 기분이랄까요? 각자도생과 적자생존이 당연하게 여겨지는 사회에서는 더욱 그래요.

성미산학교 교사가 되어 배운 것

2011년부터 성미산학교 교사로 일했어요. 그 전에는 부모교육 강사로 일하며 마을카페 작은나무를 함께 운영했어요. 교사 채용 때마다 제안이 왔지만 거절했어요. 얼마나 고생스러운 일인지 알았으니까요. 그래도 받아들인 건 고마움 때문이었어요. 고비도 있었지만 아이들이 성미산학교에서 성장하는 걸 보며 교사들에게 고마운 마음이 컸어요. 대체교사로 1년 반만 일한다는 조건을 달고 시작했어요. 그게 6년을 이어졌죠.

1, 2학년 담임교사를 주로 했고, 담임교사 중 첫 번째로 통합지원교사가 됐어요. 일반 학교에서는 특수교사라고 하지만 성미산학교에서는 통합지원교사로 불러요. 성미산학교는 정원의 10% 내외를 특별전형으로 장애 학생을 모집해요. 특수교육을 전공한 통합지원교사가 따로 있지만, 성미산학교에서는 어떤 교사든 통합지원을 할 수 있

어야 한다는 기조가 있었어요. 장애 학생을 개별 지원하는 것보다 서로 존중하는 문화를 만드는 데 공을 쏟았어요.

물론 힘든 일도 많았죠. 문제와 갈등은 늘 생기고, 그 안에서 지난한 토론도 해야 하고, 사건 사고가 터지면 해결해야 했지요. 진이 빠지긴 했어도 학교는 저를 많이 성장시킨 공간이에요. 제가 학생들을 키웠다기보다 그 안에서 제가 자라는 느낌이었죠. 6년을 일하고 2017년 2월에 성미산학교를 그만두었어요.

성미산학교 교사를 하면서 사람에 대한 믿음, 특히 어린 사람에 대한 믿음이 생겼어요. '모두가 힘이 있구나. 나를 쏟아부어서 이들을 성장시키는 게 아니구나.' 저는 이전에도 사람은 알아서 자란다, 부모가 망치지만 않으면 된다는 생각을 하고는 있었어요. 제가 성미산학교에서 크게 배운 것은 '교사가 믿음직하고 괜찮은 사람이 되는 것이 가장 좋은 교육'이라는 거예요. 내가 좋은 사람이면 학생들한테 좋은 영향을 미칠 수 있어요. 굳이 애쓰지 않아도요.

저는 새로운 시도를 좋아하는데 성미산학교는 그걸 반겨줬어요. 성미산학교에서 다양한 프로젝트를 해볼 수 있었는데, 그중에 '공감의 뿌리'와 '알과 씨앗'이 기억에 남아요.

'공감의 뿌리' 프로젝트는 같은 제목의 책을 읽고 시도해보게 되었어요. 교실에 갓난아기를 초대해 학생들이 아기가 어떻게 지내고 성장하는지를 지켜보는 프로그램이죠. 캐나다에서 시작한 교육프로그램이고 여러 나라에서 시도하고 있어요. 우리 반에 장애 학생이 있었는데, 이 프로젝트로 나오는 다른 존재를 들여다보는 기회를 가졌으면 했어요.

마침 마을에 늦둥이를 본 엄마가 있어서 아기를 학교에 3주에 한 번씩 초대했어요. 아기를 초대하고 준비하는 시간부터 배움이죠. 아기를 교실에 초대하려면 뭐가 필요할까 함께 생각했어요. 교실에 세균이 있으면 안 되니까 청소를 열심히 하고, 카펫도 깔고, 아기가 교실에 들어올 때 불러줄 환영 노래를 정하고 연습했어요. 아기가 교실에 들어오면 그때부터 아기만 봐요. 아기는 말을 할 수가 없잖아요. '의사소통을 말로 하지 않는 존재와 어떻게 소통할 것인가'가 이 수업의 핵심이에요. 아기 엄마한테 묻기도 하고 아기를 관찰해서 마음을 읽으려고 애써요.

3주마다 만나니 아기의 변화가 눈에 띄게 보여요. 뒤집지 못했는데 다음에는 뒤집고, 어떤 날은 앉고, 그다음에는 잡고 일어나는 걸 보며 아이들은 함께 기뻐하고 감동해요. 한 사람의 성장을 지켜보는 거죠. 울면 왜 우는지 살펴보고 추측해요. 뭘 보고 울었는지, 어떤 소리 때문에 놀랐는지 아기의 입장이 되어 짐작해보는 거예요. 헤어지는 날 그동안 교사가 되어준 아기에게 고마운 마음을 담아 편지를 쓰고 선물을 전해줬어요.

2012년부터 초등 저학년에 주제탐구라는 교육과정을 만들어 진행했어요. 한 가지 주제로 한 달씩 모든 교과가 돌아가는 거예요. 만약 주제가 자전거라면 자전거 시를 읽고, 자전거 노래를 부르고, 자전거 그림을 그려요. 자전거를 타고 자전거박물관에 가고, 자전거포 주인아저씨한테 자전거 수리와 관리 강의를 들어요. 한 달 동안 자전거에 흠뻑 빠지는 거죠.

'알과 씨앗'이 주제일 때 학생들이 알을 부화시켜보자고 했어요. 처음엔 부화에 실패했어요. 애들이 한 번만 더 해보자고 했고, 동료 교사가 고향에서 오리알이랑 달걀을 가져왔어요. 아이들은 교실 한쪽에 부화기를 놓고 태교한다면서 책을 읽어주고 노래를 해줬어요. 정말 간절하게요. 다른 반 애들이 시끄럽게 굴면 조용히 해달라고 부탁도 하고요.

개나리, 진달래, 민들레라고 미리 이름을 정해놨던 알 세 개가 다 부화에 성공했어요. 그런데 예상치 않은 일이 벌어졌어요. 노란 병아리를 기대하고 개나리라고 이름을 정해둔 알이 부화했는데 까만 병아리가 나온 거예요. 학생들이 매일 물어봤어요.

"연두, 개나리는 언제 노래져요?"

"얘는 오골계야. 노래지지 않고 원래 까만 거야."

편견이 여지없이 깨진 거죠. 일주일 뒤에 오리알도 부화를 했는데, 한 마리가 물갈퀴가 붙어 있는 장애가 있는 오리였어요. 털도 뻣뻣하고 걷지를 못했어요. 까만 병아리 검돌이, 장애가 있는 진달래, 노랗고 예쁜 민들레, 이렇게 세 생명체를 교실에서 키웠어요. 밤에만 우리에 넣어놓고 낮에는 교실에서 함께 지냈어요. 유독 진달래에 마음을 주는 아이들이 있었어요. 잘 못 먹으니 따로 먹이를 챙겨주고 수건을 깔고 걷는 연습도 시키고요. 수술하면 오래 살 수 있는지 알아봐달라고 사정해서 마을 동물병원에도 갔어요. 갔더니 수술을 못한다고 하더라고요. 약사인 모란이 영양제를 지어줬어요. 그거라도 먹이고 싶어 하는 아이들 마음을 아신 거죠.

아이들의 지극정성에도 진달래는 28일 만에 죽었어요. 학교 뒤 성미산 참나무 밑에 묻어줬죠. 민들레랑 검돌이는 잘 커서 방학 때 돌잔치도 했어요. 학교 아이들, 동네 사람들이 상추나 곡식을 선물로 들고 왔어요. 그렇게 한 학기를 키우다가 평창 농장학교로 보냈어요. 검돌이와 민들레를 보러 1박 2일로 버스 대절해서 농장학교에 가기도 했어요. 수업 시간에 앉아서 배운 건 잊어도 진달래, 민들레, 검돌이 키우며 배운 건 몸에 남아 있을 거예요. 성미산학교에서 아이들과 함께 배운 것들이 사부작 활동의 밑거름이 되었다고 생각해요.

사부작을 시작하다

성미산마을 장애통합 역사의 시작에는 피아노와 달님, 차니와 소피아가 있어요. 마카롱이랑 차니는 열 살 정도 차이가 나는데 저와 소피아의 나이 차와 비슷해요. 저한테 소피아는 대단한 사람이에요. 소피아는 겁이 없고 재지 않아요. 성미산학교에서 전환교육의 일환으로 미니샵을 운영했을 때도 합류해서 예비사회적기업 활동부터 필요한 일을 계속 만들어왔지요. 이것저것 따졌으면 못했을 텐데 소피아는 늘 흔쾌히 하는 사람, 결정했으면 망설임이 없이 밀고 나가는 사람이에요.

소피아는 일을 즐기고 에너지가 가득한데, 또 잘 조절하는 것 같아요. 저는 이해할 수 없거나 부당하다고 생각할 땐 뜯어고치려고 팔 걷어붙이고 해결 방법을 찾거든요. 소피아는 그 상황을 인정한 상태에서, 수용에서 시작해요. 그래서 자기를 괴롭히지 않아요. 이건 정말 엄청난 거예요. 소피아를 보면 80년대 학번 선배들을 보는 것 같은 심정이 돼요. 선배들이 치열하게 만들어놓은 길을 뒤에서 걷는 미안함 같은 거죠. 소피아는 아무것도 없을 때, 막막했을 때 길을 만들어왔거든요. 그때는 훨씬 열악하고 힘들었을 텐데, 미안하고 존경스러워요.

소피아와 제가 했던 고민은 장애 청년들의 노동에 관한 것이었어요. 좋은날협동조합을 운영하면서 노동에 대해서 더 고민하게 됐죠. 대체 중증발달장애인은 어떻게 사는 게 좋을까? 꼭 생산하는 노동을 해야 하나? 협동조합 작업장을 하면서 고민이 깊어졌죠. 그러다 마을 주민 가을하늘이 발달장애청년과 함께 마을 기업을 해보자고 제안했어요. 가을하늘은 마을 투어를 오는 사람들을 위한 성미산마을 굿즈를 만들고 싶어 했어요. 소피아와 저는 그동안 해보고 싶었던, 일상을 기획하고 연결하는 발달장애청년허브를 제안했어요.

사부작은 가을하늘, 타잔, 소피아, 저, 다래, 이렇게 비장애 부모 2명과 장애 부모 3명이 시작했어요. 타잔은 워낙 연대활동을 열심히 하는 분이고, 가을하늘하고도 접점이 많았고 저랑은 세월호 활동과 뜨개질 모임을 같이 하는 사이였어요. 그러다 다른 활동이 많았던 타잔과 다래는 운영위원으로 빠지고 활동가를 뽑았어요. 저희는 가능하면 이런 운동에 관심이 있는 청년을 초대해서 같이 성장하면 좋겠다 싶은 마음이 있었는데 여의치가 않았어요.

그러던 차에 성미산학교 동료였던 꽃다지가 일을 그만둔다는 소식을 들었어요. 제가 계속 꽃다지 옆구리를 찔렀어요. 처음엔 무척 망설였어요. 꽃다지는 그동안 장애운동이나 사부작에 관심을 많이 기울이지 못해서 활동가로 일해도 되나 생각했다고 하더라고요.

꽃다지는 일을 잘하는 믿을 만한 사람이고 성미산학교 초창기 때부터 교사였으니까 긴말이 필요 없는 동료였어요. 게다가 젊은 부모

• 사부작을 일군 일꾼들(왼쪽부터 타잔, 다래, 연두, 꽃다지, 소피아)

들하고도 잘 알고 마을과 접점이 많아요. 마을에서 '인싸 중의 인싸'
지요. 소피아랑 저는 워낙 일을 벌이는 스타일이고, 꽃다지는 계속
체크를 해가면서 우리가 놓치는 걸 잘 보완해줘요. 저는 우리의 케미
가 매우 좋다고 생각하지만 꽃다지는 힘들지도 모르죠.

처음엔 초기 멤버 다섯 명이 동네 곳곳에서 회의를 했고, 청년들
모임도 시작했어요. 졸업한 이후에는 청년들이 각자 흩어져서 뭘 하
는지 소식도 잘 알 수 없었거든요. 서로 못 만났던 청년들을 만나게
하고, 이들이 어떻게 살고 있고 뭐가 필요한지를 파악하기 위해 자리
를 마련했어요. 초기 멤버였던 가을하늘이 망고비어라는 호프집 주
인이었는데, 그때는 공간이 따로 없어서 손님 없는 시간에 망고비어
에서 청년 모임을 했어요. 피아노, 질문왕, 늘푸른소나무, 미니, 차니
가 참여했어요.

첫 모임 했던 날이 생각나요. 청년들이 호프집에 처음 와본 터라
장소 자체를 무척 낯설어했어요. 맥주 마셔봤냐고 물어봤더니 아무
도 마셔본 적이 없다고 했어요. 피아노는 아는 사람이 많아서인지 신
나 했어요. 맥주 먹고 싶은 청년들은 맥주를 시키고 맛있는 걸 먹으
면서 학교 졸업하고 어떻게 지내고 있는지 이야기했어요. 앞으로 모
임을 어떻게 꾸려가면 좋을지도 의논하고요. 그 모임이 지금까지 이
어지고 있는데, 비장애청년들도 합류해 '오랜만에'라는 모임으로 활
동하고 있어요.

돈 주고 못 사는 것

사부작 초기에 우리가 자주 하는 말이 있었어요.

"다 있는데 돈만 없어!"

반은 농담, 반은 진실이에요. 우리는 함께할 사람도, 계획도, 실행 능력도 있었는데 진짜 돈이 없었거든요. 그래도 우리를 믿고 마을 사람들과 지인들이 돈을 빌려주셔서 공간을 마련했고, 아름다운재단에서 인큐베이팅을 해주었어요. 그런데 돈이 있어도 못 사는 게 있다면 그건 '관계'인 것 같아요. 지체장애인에게 엘리베이터나 경사로에 해당하는 것이 발달장애인에게는 관계라고 생각해요. 발달장애인이 살아가는 데 필요한 관계망은 돈이 있어도 만들기가 쉽지 않아요. 사부작이 그 어려운 일을 하고 있는 거고요.

게다가 관계는 자연스럽고 지속적이어야 하는데 그걸 하루아침에 만들어낼 수 없어요. 그래서 발달장애인 정책이 마을 만들기와 따로 갈 수 없다고 생각해요. 마을이란 말이 낯선 사람도 있을 텐데 마을은 간단하게 말하면 지역에 기반을 둔 관계망이라고 말할 수 있어요. 혼자 살기 어려우니 가정을 꾸리고 단체에 가입하고 국가를 이루어 살잖아요. 국가끼리도 교류하고요. 마을은 가족 다음의 가까운 관계망이자 상호 돌봄이 일어날 수 있는 단위라고 생각해요.

사부작은 6년 동안 '발달장애인'과 '마을'을 키워드로 많은 시도를 했어요. 상상하고 연결하는 일이 활동가들의 역할이었어요. 처음부터 기획한 것도 있고 우연히 시작한 일도 있지요. 사람들이 가려

위하는 곳을 긁어주고 발달장애 정책에서 빠진 곳을 메워주는 활동을 해왔다고 생각해요. 그래서인지 사부작에 탐방하러 오는 사람들이 많아요. 주로 장애인복지관 같은 기관이나 단체, 발달장애인 가족들인데 와서 하는 말이 거의 비슷해요. "사부작 같은 곳이 우리 동네에도 있으면 정말 좋겠어요. 하지만 성미산마을이라 가능한 것 같네요"라고 하죠. 그 말을 들으면 여러 생각이 들어요. 성미산마을이라 가능했다는 말이 다 틀린 건 아니에요. 하지만 각자가 지금 사는 곳에서 관계망을 만드는 것이 중요한 것 같아요. 마을을 만든다는 건 혼자 할 수 없는 일이에요. 첫술에 배부르진 않겠지만 세 명만 모아 뭐든 시작하시라 말씀드려요.

사부작은 '장애'에만 관심이 있지 않아요. 장애인처럼 사회 안에서 자리가 필요한 사람들이 있잖아요. 노인, 여성, 어린이, 성소수자, 생태, 대안 경제, 홈리스 등 마을 안팎의 다양한 단체와 기관들, 활동가들과 연대해요. 그중에서 저는 '마포돌봄네트워크' 회의를 꾸준히 나가는데, 각자 활동 영역의 고민들도 나누고 함께 할 수 있는 일을 만들어내기도 하고 컨퍼런스 같은 자리도 마련해요. 그러면서 돌봄 활동가들이 소진되지 않도록 서로 힘을 주고받아요. 어느 마을이든 자신의 관심사와 다른 이의 관심사가 만나는 지점을 잘 만들어내는 게 중요한 듯해요. 그런 연대가 단단해야 오래 활동할 수 있다고 생각해요.

사부작은 발달장애인의 삶에 직접적으로 영향을 미칠 수 있는 지원단체예요. 발달장애인이 서비스의 대상자로 머무는 게 아니라 주민이자 시민으로서 지역사회에서 하고 싶은 활동을 하도록 지지하고 지원하는 거죠. 사부작 같은 작은 단위의 지원체계를 어떻게 확산할 것인지는 계속되는 고민이에요. '1동 1사부작'이 된다면, 동네마다 발장장애청년허브가 있다면 이 동네에 사는 몇몇 청년을 넘어서서 다른 지역의 청년들도 이웃들과 함께 살아갈 수 있을 텐데요. 발달장애인 지원센터가 있지만 시, 도에 하나씩 있으니 정작 발달장애인들은 알지 못해요. 제도나 서비스를 안내하고 연계는 해줄 수 있지만 각자의 욕구를 파악하고 관계망을 만들어줄 수는 없는 거죠. 꼭 사부작과 같은 형태나 내용일 필요는 없어요. 사부작처럼 민간에서 공간도 마련하고 운영하기는 쉽지 않을 거예요. 사부작을 모델 삼아 동주민센터든 복지관이든 발달장애인 한 명 한 명이 주체적으로 활동할 수 있도록 지원하고 연결하는 활동을 해나가면 좋겠어요. 제도적으로 뒷받침이 되어야 하고요. 부디 사부작이 분발해서 발달장애인 정책의 방향도 바꿔놓을 수 있으면 좋겠어요.

나의 소원

마카롱의 성미산학교 입학전형 지원서에 20년 뒤 자녀의 모습이 어땠으면 좋겠냐는 질문이 있었어요. 대충 이렇게 썼던 듯해요. "자신에게 적당한 시간만큼 일하고, 쉬는 날 동네 친구 불러내서 맥주 한잔 마시면 좋겠다"고요. 그 뒤로 15년이 지났어요. 노동 문제는 좀 더 해결해야 하지만 맥주 마시자고 불러낼 관계는 확실히 있는 듯해요.

저는 사부작 활동가이자 당사자 가족이잖아요. 당사자 부모인 것이 장애운동을 시작한 계기이기는 하지만, 부모로서 이 운동을 하는 건 아니에요. 활동가의 정체성에 더 방점을 찍고 있어요. 학교에서 일할 때도 부모 교사로 분류되는 것이 썩 흔쾌하지 않았는데, 활동가로서도 그 비슷한 고민이 있어요. 장애운동에서 당사자의 부모 역할이 좀 덜했으면 좋겠어요. 부모가 아니더라도 이 운동이 잘됐으면 좋겠다는 말이기도 해요. 필요 없다는 게 아니고요. 그런 의미에서 꽃다지나 타잔, 운영위원들같이 당사자 가족이 아닌 분들과 당사자들의 활동이 두드러졌으면 좋겠어요. 그런 분들이 이 판에 더 많이 붙기를 원해요. 그러려면 기반이 있어야 하잖아요. 아무것도 없는 데 와서 고생할 수는 없으니까요. 저는 지금 그 토대를 만들고 있다고 생각해요.

그래야 제 꿈인 '탈서울'을 시도할 수 있어요. 하하! 서울에서 너무 오래 살았어요. 당장이라도 이사하고 싶지만 마카롱은 이사를 원하지 않아요. 마을에 아는 사람들, 친구들이 있으니까요. 천생 도시 남인 아들과 자연 속에서 살고 싶은 엄마의 욕구가 다른데, 아직은 아들에게 엄마가 필요해 보여요. 제 소원은 언젠가 독립해 시골로 가는 거예요. 제 자립을 위해 사부작 일을 하고 있다고 볼 수도 있어요.

사부작청년과 함께 사는 삶

활동가 꽃다지

부모 교사가 되다

아들이 하나 있는데 초등학교 3학년까지 학원을 안 다녔어요. 주위 사람들이 아이에게 왜 공부를 안 시키냐고 했죠. 어느 날 남편 까치가 아이가 별로 행복해 보이지 않는다고 했고, 대안학교를 찾아보게 되었어요. 그러다 성미산학교 설명회를 한다는 이야기를 들었어요. 까치가 가서 듣고는 당장 이사 가자고 했고, 그렇게 2004년 2월 16일 성미산마을로 이사를 왔어요.

성미산학교 건물이 만들어지기 전이라, 아들은 성서초등학교에 다니면서 방과후에 성미산학교의 전신인 미소학교를 다녔어요. 미소학교를 거쳐서 2층짜리 주택을 전세 얻어 성미산학교가 개교했죠. 그러다 그 집이 팔리는 바람에 초등 저학년들은 성미산 근처 집을 빌려서 수업을 하고 초등 고학년과 중등은 하자센터에서 수업을 하게 되었어요. 당시 비상근 교장이시던 조한혜정 선생님이 하자센터의 센터장이었는데 교실 두 개를 내주셨죠. 학생들이 마포 성산동에서 하자센터가 있는 영등포까지 지하철을 타고 왔다 갔다 해야 해서, 직장을 잠시 쉬던 제가 통학을 지원했어요.

그러다 조한 선생님이 저에게 성미산학교 교사를 해보라고 제안하셨어요. 한 번도 생각해본 적이 없던 일이어서 조금 당황했어요. 조한 선생님은 교사는 열두 명의 아이를 낳은 엄마 같은 마음으로 자기 아이가 아닌 마을 아이들을 돌보는 사람이어야 한다고 말씀하셨어요. 학생 한 명 한 명, 각각 고유한 성향에 맞춰 다양한 교육과정을 고민해야 된다는 의미였죠. 선생님이 '부모 교사'라는 말을 쓰셨고, 성미산학교는 마을을 기반으로 만든 학교이니 부모가 교사가 되면 좋겠다고 하셨어요. 그때 저를 포함해 서너 명의 부모가 교사가 되었어요. 2005년에 수습교사를 시작했죠. 아들 덕분에 성미산마을로 와서 제 삶이 많이 바뀌었어요. 그래서 아들한테 늘 고마운 마음이 있어요.

그해 9월에 성미산학교 건물이 완공되면서 정식 교사가 되었어요. 학생들과 함께하는 일은 재밌었어요. 초기에는 모든 게 부족했기 때문에 교사들이 의논을 많이 했어요. 새로운 걸 알면 모여서 회의하고, 모든 교사가 학생에 대해 이야기를 나누고 함께 평가서를 썼어요. 저는 교사 이전에 부모여서, 학생들의 부모하고도 아이를 같이 키운다는 마음이었던 것 같아요. 부모들과 아이들 이야기뿐 아니라 살면서 생기는 고민도 함께 나눴지요. '한 아이를 키우기 위해 온 마을이 필요하다'는 말이 맞다는 걸 느끼게 해준 시간이었어요.

성미산학교에서 보낸 시간이 제 인생에서 가장 값지고 감사한 시간이라고 생각해요. 하고 싶은 활동들을 실컷 해보고, 배우고 싶은 분야에 대해 연수도 하고, 보고 싶은 책도 마음껏 볼 수 있었어요. 그리고 무엇보다 인생에서 나를 기꺼이 사랑해주는 사람들을 만날 수 있는 기회였어요. 어떻게 살아야 하는지에 대해 치열하게 고민했던 행복한 시간이었고 지금의 저를 만들어준 곳이기도 하니까요. 2019년 2월에 그만뒀으니 오래 근무한 교사 중 한 명이었어요.

통합지원교사

성미산학교는 매년 다르지만 현재 교사가 20여 명이고, 학생은 100명 내외예요. 초중고 12년 과정인데 정원의 10%는 특별전형으로 학생을 모집해요. 지금은 14명의 장애 학생이 있다고 해요. 보통 대안학교는 초등과정을 먼저 만들고, 학생들이 졸업하면서 중등과정을 만들고, 또 그 학생들이 졸업하면 고등과정을 만들어요. 그런데 성미산학교는 마을에서 살던 부모들이 만든 학교잖아요. 초등 자녀도 있고 중등 자녀도 있고 장애인도 있으니 자연스럽게 시작부터 초중등 과정, 장애·비장애통합 대안학교를 만들게 된 거죠.

첫 담임을 했을 때부터 늘 장애 학생이 있었으니 교육과정 짤 때부터 염두에 두었어요. 성미산학교에서 통합교육은 선택이 아니라 너무나 당연한 것이었어요. 공부하고 시도해보며 함께 만들어나갔어요. 물론 이런저런 일이 많았죠. 한번은 여행 중에 장애 학생이 없어졌어요. 기차를 좋아하는 학생이었는데 멀리 기찻길이 보였던 거예요. 그리로 간 것 같아 기찻길로 뛰어가면서 학생 어머니한테 전화를 했어요. 돌발 상황이 생겼을 땐 부모에게 먼저 얘기해야 하잖아요. 학생을 찾고 얼마나 눈물이 났는지 몰라요. 어머니랑 다시 통화를 하는데 원망하지 않고 얼마나 놀랐느냐며 위로해주셨어요. 제가 많이 부족했는데도 부모님들이 많이 기다려주셨죠.

장애·비장애 통합학급을 운영할 때는 부모교육도 중요했어요. 교실에서 발생하는 일들에 대해 매달 반 모임에서 이야기 나누고 수시로 소통해야 했으니까요. 부모들도 내 아이 옆의 친구들이 행복해야 내 아이도 행복하다는 것을 알아가는 시간이었어요.

학생들한테도 위로를 많이 받았어요. 제가 중3 때부터 부모님하고 같이 안 살고 오빠랑 동생이랑 셋이 살았어요. 5학년 담임이었을 때 『기호 3번 안석뿡』이라는 동화책을 읽어주다가 제 얘기를 했어요. 그러자 학생들이 꽃다지 잘 컸다면서 위로하고 안아줬어요. 저한테는 정말 고마운 존재들이에요.

사부작과 연결되다

성미산학교를 나오고 나서 마을 단체에서 일했는데 학교에서 일하던 방식과 좀 달라서 고민하다가 그만두었어요. 쉬고 있을 때 연두가 사부작에서 같이 일했으면 좋겠다고 제안해주었어요. 처음에는 많이 망설였어요. 마을에서 친한 사람과 일을 하면 관계가 망가지지 않을까 하는 두려움이 있었죠. 친한 것과 조직에서 일로 만나는 것은 다르니까요. 그래서 솔직하게 말했어요. 학교에서 계속 장애 학생들을 만나오긴 했지만 특별히 장애운동에 관심이 컸던 사람이 아니라고요. 많이 고민하다 결정했어요.

그때 사부작은 일할 사람이 필요했어요. 소피아나 연두는 반상근 활동가였고 상근 활동가가 그만둔 상태였어요. 운동을 한다고 생각하면 어렵지만 사무실에서 업무할 사람이 필요한 거라면 할 수 있겠다 싶었어요. 2021년 4월에 일단 사무실 지키는 것부터 시작했죠.

소피아랑 연두는 좋은 동료이자 선배이자 멘토예요. 장애와 관련해서 이것저것 엄청 물어보는데 항상 잘 대답해주죠. 늘 솔직하게 얘기해줘요.

사부작에서 일하면서 사회복지사 자격증이 필요할 듯싶어서 소피아와 함께 자격증 취득을 위한 공부를 했어요. 성산종합사회복지관에서 현장 실습을 하는데 실습 지도자가 공부를 많이 시켰죠. 발달장애인이 지역사회에서 어떻게 살아가는지에 관해 사부작의 실천 사례를 발표하는 과제도 있었어요. 저는 사부작의 사업을 설명하는 방식으로 정리해갔는데, 사업이 아닌 청년 중심으로 관점을 바꿔서 PPT를 다시 만들면 좋겠다고 피드백을 주었어요. 그래서 PPT를 다시 만들어서 발표하기 전에 연두하고 소피아한테 보여줬죠. 두 사람은 발달장애협회에서 발달장애에 대해 설명한 부분을 그대로 가져다 쓴 것을 지적하면서 박제화한 설명이 싫다고 했어요. 이런 피드백을 받으면서 저도 많이 공부가 되었어요.

밖에서 사람들을 만나면 저한테 대단하다, 당사자 부모도 아닌데 어떻게 이 일을 하느냐고 말씀하세요. 저는 당사자나 당사자 가족이 아니어도 이 활동을 할 수 있고 해야 한다고 생각해요. 일상적으로 고민하지 않는 장애에 대해 계속 생각해볼 수 있게끔 하는 활동이죠. 저희 마을에도 돌봄 단체가 많은데, 주로 노인돌봄 단체들이에요. 같은 돌봄의 영역인 사부작이 어떻게 하면 더 적극적으로 결합할 수 있을까 여러 고민을 하고 있어요.

앞으로 탈시설이 확대되면 더 많은 장애인이 지역사회에서 살아가게 될 거예요. 그럴 때 사부작을 모델로 삼을 수 있으면 좋겠어요. 장애인이 이웃의 좋은 사람들과 연결되어 살 수 있게 하자는 것이 '1동 1사부작'의 취지인데, 실제로 진행되기를 바라요. 마포에 사는 발달장애청년들이 심심할 때 사부작에 찾아와서 '나 이런 거 하고 싶어요. 사부작에서 연결해줄 수 있어요?'라고 물어볼 수 있으면 좋겠어요. 공간이 더 커지면 언제든 놀러 와서 여가도 즐기고 사람들도 만날 수 있는 플랫폼이 되기를 희망해요.

저는 이 마을에 계속 살 거라서, 사부작을 그만두더라도 청년들과의 관계는 지속될 거예요. 마을에서 청년들에게 어려운 일이 생겼을 때 도움을 청할 수 있는 사람으로 지내고 싶어요.

사부작과 마을을 잇는 길동무

성미산학교는 생태학교라 기후위기 활동이나 탈핵 활동을 많이 했어요. 마을에 울림두레생협이 있는데 생협 내 환경위원회를 만들 때 같이 참여했어요. 거기 한 분이 '화목일프로젝트'라는 걸 만들었어요. 성미산마을 쓰레기 버리는 날이 화, 목, 일요일인데 그날에 종이팩을 수거해서 주민센터에 가져가면 1kg당 휴지 하나로 바꿔주는 거죠. 들어보니 사부작청년들이 할 수 있는 활동이었어요. 어렵지 않은데 규칙적으로 하는 일이고, 필요하고 의미 있는 일이면서 사람들도 만나니까요. 제가 제안을 하고 흔쾌히 받아줘서 사부작청년들이 그 일을 하게 되었어요. 지금은 차니와 준하가 다섯 개의 가게에서 종이팩 수거를 하죠.

환경위원 중에 훌라춤을 추는 가지가 있었는데, 자격증을 따고 어느 장애복지관에서 발달장애인 분들에게 시범수업을 한 후에 전화가 왔어요. 목소리가 너무 안 좋아서 물으니, 수업할 때 사회복지사들이 장애인 분들을 통제하는 모습이 불편했다고 하더라고요. 사부작으로 와서 소피아랑 이야기를 나누었어요. 이후에 가지가 사부작청년들과 훌라춤을 하고 싶다고 제안을 해왔어요. 저희는 강사비를 어떻게 마련해야 할지 고민했는데, 가지가 강사와 학생이 아니라 동네 주민 길동무로 만나겠다며 돈을 안 받겠다고 하는 거예요. 비단 돈이 문제가 아니라, 진정한 길동무의 의미를 이해하고 직접 찾아와 준 가지가 정말 고마웠어요.

첫 홀라춤 수업 날이 무척 감동적이었어요. 그날 장애인부모연대가 삼각지에 분향소를 설치했는데 연두와 타잔은 아침에 집회에 나가고 저는 홀라춤 수업 때문에 못 갔어요. 페이스북 라이브를 보니 연두랑 타잔이 현장에서 울부짖으면서 분향소를 지키고 있었어요. 그런 사진들이 계속 올라와서 마음이 너무나 무거웠어요. 홀라춤 동아리를 하려고 혜정 씨, 냐옹이, 피아노가 마을예술창작소 공간 릴라에 왔고, 오후라 햇살이 따뜻하게 비추었죠. 모두가 도착하자 음악을 틀었어요. 부드럽고 아름다운 음악에 맞춰 냐옹이가 자유롭게 춤을 추기 시작했어요. 너무 행복해하면서요. 그 모습을 보는데 갑자기 눈물이 났어요. 아수라장 같은 집회 상황이랑 평화로운 이곳 상황이 오버랩되면서 무척 서럽더라고요. 함께 모일 공간과 친구들만 있으면 모두가 이렇게 행복할 수 있는데 싶었죠. 청년들이 홀라춤 추는 모습을 찍어서 연두와 타잔한테 보내줬어요. 힘내라고요.

걸어 다니는 사부작 배너

저는 제가 '걸어 다니는 사부작 배너'가 되어야 한다고 생각해요. 사람들을 만나는 자리마다 "안녕하세요. 저는 발달장애청년허브 사회적협동조합 사부작에서 일하는 꽃다지입니다"라고 소개해요. 사람들이 저를 통해 사부작에 대해 많이 알게 되길 바라는 마음이죠.

• '선사인아놀드홀라'에서 웃음 짓는 꽃다지

생협 활동하면서 어린이집 엄마들하고 많이 알게 되었고, 성미산 학교 교사를 했기 때문에 부모들도 많이 알아요. 마을에서 풍물패 활동을 하니까 그 회원들하고도 친하고요. 마을 여기저기에 조합원으로 가입돼 있고, 연차가 오래되니까 마을 단체에 대의원이나 이사로 등록돼 있어요. '사람과마을'이라는 마을 단체 운영위원이기도 하고요. 걸쳐 있는 곳이 많아서 아는 사람이 많고 정보도 많은 편이죠.

사부작은 '길동무연결', '무경계세상 만들기', '1동 1사부작' 등의 사업을 하고 있는데, 열 시부터 오후 다섯 시까지 일정한 시간에 사부작 문을 여는 것도 중요하다고 생각해요. 지금은 코로나 때문에 방문이 줄었지만 그 전에는 오다가다 손님들이 많이 왔어요. 마을 사랑방 같은 곳이죠. 코로나가 아니었으면 더 확장되었을 텐데 아쉬움이 있어요. 소피아를 보러 오는 사람들도 있고, 연두나 저를 만나러 오는 사람도 있고, 차나나 마카롱을 만나러 오기도 하죠. 다양한 사람들이 드나들어요.

사부작 당사자인 발달장애청년들과 마을을 어떻게 해야 더 많이 연결할 수 있을지 늘 고민해요. 이를테면 순천에서 올라와 혼자 생활하는 냐옹이를 무지개의원에 데려가서 조합원 가입 상담을 해볼까, 냐옹이의 건강에 대해 의사 선생님과 정기적으로 상담할 수 있는 자리를 마련해볼까 궁리하죠. 청년들과 마을을 더 가깝게 연결하고 길동무들과 만나게 하는 게 중요해요.

길동무연결은 쉽지 않지만, 현재 길동무를 하는 사람들이 많이 있어요. 대부분 지인들이죠. 소피아랑 친한 사람, 장애 관련 활동을 경험해보신 분, 미니샵 프로젝트에서 같이 쿠키를 만들어본 제비꽃 등등. 그 관계가 이어져 지금 길동무를 하고 계세요.

사부작은 지역에서 다양한 활동을 하면서 마을 사람들과 서로 얼굴을 익혀요. 그러면 길 가다가 "정찬이 형!" 하고 이름을 부를 수 있게 되죠. 계속 인사를 나누다 보면 사부작에도 자연스럽게 놀러 올 수 있고, 하루 중 일정 시간을 길동무로 사부작청년과 함께하기도 하고요.

마을에 있는 장애 청년이 아침에 눈 떠서 하루 일과를 마을 사람들하고 편하게 나눌 수 있으면 좋겠어요. 자립지원주택에서 아침 먹고 길동무와 산책을 가고, 작은나무 카페에 혼자 차 마시러 가면 일하는 청년이 인사를 해주고, 점심엔 옹호가게에 가서 식사를 하는 거죠. 목요일이면 마을 사람들과 홀라춤을 추고, 금요일에는 마을극장에서 함께 영화를 보고요.

마포구 내 열두 개 단체가 소속된 '마포돌봄네트워크'에서는 사부작청년들을 위한 활동을 마련해주셨어요. 각 단체의 기념일에 케이크를 배달하는 일은 올해로 3년째이고, 작년엔 배달비가 2만 원이었는데 올해 4만 원으로 인상되었어요. 우리동물병원 생명사회적협동조합 '우리동생'이나 마포장애인가족지원센터 같은 단체의 기념일이 되면 사부작청년이 직접 그린 그림과 축하 카드와 함께 케이크를 배달하고 노래도 불러드려요. 직원들은 청년을 환대해주고 그림이 멋지다고 이야기해주고요.

냐옹이, 차니, 마카롱, 혜정 씨가 주로 케이크 배달을 해요. 마카롱은 노래를 부르고, 춤추는 걸 좋아하는 혜정은 노래와 춤을 함께 하죠. 청년들은 자기들이 축하를 했을 때 사람들이 보이는 반응을 굉장히 좋아해요. 워낙 끼도 많고 무대 체질이기도 해서 주목을 받고 박수를 받는 걸 무척 즐기는 것 같아요. 이런 일들이 꾸준히 만들어지면 좋겠어요. 서로 안부를 묻고, 소소한 일상을 함께 나누는 게 가장 좋은 것 같아요.

사부작이 있으니 차나나 마카롱, 냐옹이, 지금 사부작과 관계를 맺는 청년들은 어떻게든 함께 살아가리라 생각해요. 하지만 다른 지역의 발달장애청년들은 어떻게 살고 있을까요? 그래서 많은 지역으로 확대되었으면 하는 사업이 '1동 1사부작' 만들기예요. 사부작 같은 허브가 동네마다 생겨야 해요. 혼자 할 수는 없고 먼저 뜻이 맞는 사람들이 모여야 해요. 장애인부모연대나 장애인복지관은 지역별로 있으니 그런 공간에서 마음 맞는 사람들이 모여 협업하면 좋겠어요. 대구 안심마을에서 이미 해나가고 있듯이요. 뜻이 맞는 사람들이 모여 당사자가 지역에서 잘 살아갈 수 있는 방법을 고민하다 보면 길이 있다고 생각합니다.

청년들의 변화

소피아가 얼마 전에 다리를 다쳐서 한동안 제가 차니랑 같이 다녔어요. 골목을 걸어갈 때 차니가 슬쩍 제 손을 잡거나 팔짱을 쓱 껴요. 팔짱을 끼고 차니의 루틴대로 걸어가죠. 신호등 앞에 서서 몸을 좌우로 흔들다가 초록불이 되면 건너가고, 그랭블레 가서 종이팩을 받고, 그 앞 편의점에 가서 보리차를 사요. 자주 갔던 데라 차니가 잘 찾아가요. 단골 가게들이라서 사장님들이 반겨주시는데, 장애 청년들을 대하는 태도가 조금씩 바뀌어가는 걸 보면 좋아요.

차니는 당뇨라 음식을 절제해서 먹어야 하는데 일주일에 하루 팥빵을 먹어도 되는 날이 있어요. 종이팩 수거하러 빵집 그랭블레에 가는 날이죠. 단팥빵이 2500원인데, 언젠가는 사장님이 500원 깎아준다고 하니 차니가 싫다는 거예요. 차니는 정해진 대로 500원짜리 동전을 받아야 되거든요. 그래서 깎아주는 건 좋은 거다, 잔돈을 안 받아도 된다고 했더니 다음에 갔을 때 기억하더라고요. 빵집에 팥빵이 없으면 살짝 긴장이 되기도 하는데 사장님이 차니가 오는 날을 기억하고 빼놓으세요. 이제 차니는 팥빵이 없으면 다른 빵을 사기도 해요.

종이팩 수거하러 가는 가게 중에 '어나더원'이라는 곳이 있었는데 주인이 바뀌어서 이름이 '히브루11'로 바뀌었어요. 종이팩 수거하는 가방마다 가게 이름을 써두는데, 미처 새 이름으로 고쳐놓질 못했죠. 평상시 같으면 사부작에 가서 다른 가방을 가지고 오자고 할 텐데 가게 이름이 바뀐 거라고 설명하자 차니가 이해해주었어요.

차니가 받아들이는 게 많아지는 걸 볼 때면 반갑고 좋아요. 처음 왔을 때보다 사람들을 대하는 태도가 부드러워지고 편안해졌어요. 정해진 대로 해야 하고 그렇지 않으면 힘들어하는 성격인데, 사람들을 만나면서 수용력이 높아지는 걸 보면 사람들을 많이 만나는 것이 차니에게 도움이 된다는 생각이 들어요. 한편으로는 차니 주위의 사람들이 차니의 표현을 더 잘 이해하게 된 것도 있어요. 청년들과 대화할 때 바로바로 못 알아듣거나 약속을 지키지 못할 때는 미안한 맘이 들어요. 얼마나 답답하겠어요. 서로 답답해하다가 소통이 딱! 됐을 때 짜릿한 쾌감이 있어요.

혜정 씨도 사부작에 와서 변화하는 모습이 보여요. 사부작 오기 전에는 혼자 방에서 밥을 먹었대요. 그런데 사부작에 와서 여럿이 둘러앉아 밥을 먹을 수 있게 된 거죠. 혜정 씨는 커피믹스를 많이 좋아해서 보이는 대로 먹어요. 옛날엔 숨겨놓고 먹었는데, 혜정 씨를 속

• 2023년 '발달장애인 전 생애 권리기반 지원체계 구축' 집회에 참여한 사부작

이는 것 같고 미안해서 아예 안 두기로 했어요. 이제는 요일별로 찾아가서 커피믹스를 먹는 마을 단체들이 생겼어요.

혜정 씨가 편의점에 들어가서 계산 안 한 걸 먹는 경우가 있었어요. 활동지원사 석류가 다시는 편의점에 안 가기로 약속했는데 그게 맞는 걸까 고민을 하셨어요. 석류 혼자면 힘들겠지만, 가게를 잘 이용하는 방법을 찾아보자며 옹호가게인 GS25 편의점에 저도 같이 갔어요. 들어가기 전에 혜정 씨랑 단단히 약속을 했죠. 계산한 후에 먹자고요. 제가 혜정 씨와 있고 석류가 물건을 들고 와서 계산을 한 후에 먹는 연습을 했어요. 연습이 잘 될 때도 있고 안 될 때도 있었지만 함께 살기 위해 지켜봐주고 기다려줄 수 있는 옹호가게가 있어 시도

해 볼 수 있었죠. 무엇보다 뿌듯했던 건 활동지원사 석류가 고민을 나눠주고 함께 궁리를 해보았다는 거예요. 이런 과정을 거치면서 일상에서 지내는 데 생기는 어려움들도 차차 사라졌으면 좋겠어요. 먹고 싶은 거 먹고, 가고 싶은 데 가고, 하고 싶은 거 하면서 지낼 수 있는 평화로운 일상. 특별한 이벤트가 없어도 큰 어려움 없이 흘러가는 평온한 일상을 보내는 게 모두에게 중요하죠.

서로 돌보며 함께 사는 삶

저는 죽을 때까지 마을에서 일하면서 살 거라고 늘 얘기해요. 제 꿈은 도시 속에서도 지속 가능한 생태적인 삶을 살 수 있는 마을을 계속 만들어가는 거예요. 장애를 차이를 전제로 한 다름으로 인식하지 않고 다양성, 다채로움으로 존중하는 마을이 됐으면 좋겠어요. 시간이 지나 일을 못하게 되면 마을 여기저기 다니면서 수다 떨고 장구도 치고 훌라춤도 추면서 살고 싶어요. 사부작에서 하고 있는 일들은 제가 마을에서 살고 싶은 모습이기도 해요. 나이가 들어 혹시나 치매에 걸리고 장애가 생겨도 배제되지 않고, 마을 안에서 어울릴 수 있는 기회를 박탈당하지 않고, 지금과 마찬가지로 살면 좋겠어요.

사이다
성미산학교 교사이자 사부작의 든든한 뒷배. 학교와 사부작 청년들을 잇는 연결고리 역할을 하고 있다.

가지
'선샤인아놀드홀라'의 길동무. 배려, 관용, 사랑을 나눈다는 홀라의 알로하 정신을 삶으로 보여주는 이웃이다.

유예
성미산학교 졸업생이자 마카롱의 누나로 대학에서 영상을 공부하고 있다. 다큐 영화 〈이사〉를 만든 감독이기도 하다.

오다
성미산학교 졸업생으로 차니의 친구. 차니와 단둘이 여행을 하겠다고 해서 모두를 놀라게 했다. 차니 형의 솔직함이 부럽고 배운 게 많다는 귀한 길동무이다.

석류
작업치료사로 살다 혜정의 활동지원사로 전업했다. 사부작을 만나 자신과 장애인의 마을살이를 고민하게 되었고, 급기야 최근에 마을로 이사를 했다.

메리
북디자이너. 마을 사람으로 알고 지내다 사부작뮤직 이야기를 담은 책 『운동해요, 운동!』을 만들며 사부작과 급격히 가까워졌다. 명실상부 사부작의 영업부장이며 자칭 후원회장이다.

뼝
성미산학교 졸업 후 대학을 다니다 휴학하고 학교와 마을회관에서 일했다. 버블버블텍에 놀러 왔다가 기획단에 합류했고 성미산마을축제 기획단에 사부작청년들을 초대했다.

3장

사부작의 길동무들

— 다정함이 만드는 세계 —

관계를 짓는 사람

길동무 사이다

친절하지만 차별인 도움

저는 사부작에 들락거리는 사람입니다. 사부작을 사랑방으로 생각하고 왔다 갔다 하고 있지요. 지나가다 뭐 하고 있나 궁금해서 들여다보기도 하고, 괜스레 들어가서 이것저것 간섭하기도 하고요. 아무도 없을 땐 청소도 하고, 제 일도 들고 가서 하곤 해요. 항간엔 제가 사부작에서 사는 줄 아는 학생이 있단 소문도 돈다죠.

사부작과의 인연은 제가 성미산학교 교사로 일하면서 시작되었어요. 성미산학교는 성미산마을을 만들어가는 기지와 같은 곳이에요. 그 전에도 대안학교 교사였는데 그때는 10대 후반 청소년을 주로 만났어요. 그러다 성미산학교에서 처음 초등학교 4~5학년 담임을 하게 됐고, 발달장애인 학생들도 처음으로 만났어요. 제가 담임을

135

하는 그룹에 자폐스펙트럼 장애가 있는 학생과 신체장애가 있는 학생이 있었는데, 일시적인 만남이 아니라 장애인과 일상을 함께 보내는 경험을 하게 된 거죠.

그런데 교사로서 청소년이 아닌 어린이들을 만난 것 자체가 처음이었던 터라, 장애인을 처음 만난 것과 어떤 차이가 있는지 구분하는 게 쉽지 않았어요. 그냥 '어린이'라는 세계가 생소하고 낯설었으니까요. 장애인, 비장애인을 떠나 어린이는 다 자기 생각을 표현하는 데 시간이 필요하고, 자신의 의사가 반영되지 않으면 다양한 방식으로 불편함을 나타내고, 하나하나 친절하게 다시 묻고 확인하는 반복의 과정을 거쳐야 소통할 수 있는 존재라고 느꼈어요. 또 저마다 자신의 특성을 뽐내거나 폭발적인 방식으로 표현하기도 하고요.

그러다 한 사건을 계기로 새로운 국면을 맞게 되었어요. 학교 외부로 체험학습을 갔는데 돌아오는 길에 비가 왔어요. 이동 보조기를 사용하는 학생이 있었는데 비가 오니 보행이 더 힘들어 보였죠. 그래서 급한 마음에 제가 그 학생을 업고, 다른 학생들은 보조기를 들고 함께 귀가를 시켜주었어요. 당시에는 그게 최선이라고 생각한 거죠. 그런데 나중에 통합지원교사로부터 그건 일방적으로 도움을 주기로 결정해버린 행동이라는 피드백을 받았어요. 만약 다리를 다친 비장애인 학생이었어도 업어서 집에 데려다줬겠냐는 거죠. 순간 머리가 멍해졌어요.

통합지원교사는 제가 그 학생의 장애를 드러나게 해서 스스로 민폐 끼치는 존재로 느낄 수도 있게 하는 행동을 했다고 했어요. 한 번도 그렇게 생각해본 적이 없었던 저는 무척 부끄러웠어요. 저의 최선이 사실은 한계였을 뿐이니까요. 그 학생이 도움이 필요했는지, 업히는 것에 동의했는지, 택시를 타거나 다른 방법은 없었는지 등등의 질문에 답을 하면서, 제가 무엇을 놓치고 있었는지 살피게 되었어요. 저는 친절하게 도움을 주는 행동으로 아무렇지도 않게 차별을 행하고 있었다는 걸 깨달았죠.

이후 학교에서 발달장애나 자폐스펙트럼 장애 학생을 만나면서 고민은 더 깊어졌어요. 1년 뒤 중등과정과 고등과정의 담임을 맡았는데, 한창 치열한 자기 탐구의 시기를 겪고 있는 학생들이 자신과 타인을 이해해가는 과정을 어떻게 함께해야 할지 끊임없이 생각하게 되었어요. 누구나 나약하고 취약한 상태가 될 수 있는데, 그것이 부끄럽게 느껴지지 않으려면 어떤 조건을 만들어야 할지 커다란 숙제를 받은 것 같았죠.

발달장애 학생들을 온전히 이해하기가 어렵잖아요. 하지만 이해하지 않아도 존중하는 방법은 있거든요. 꼭 누군가를 이해해야 존중할 수 있는 건 아니니까요. 동일하게 존엄한 존재로서 어떻게 같이 살아갈 수 있을까, 학교에서 그 존중을 익힐 필요가 있다고 생각했어요. 그래서 장애인 학생들보다 비장애인 학생들의 수용력을 넓히는 방향으로 교육활동을 모색했어요.

학교에서부터 관계 짓기

'271 프로젝트'는 비장애인이 어떻게 장애인 친구를 만들 수 있을 지에 대한 고민이 담긴 시도 중 하나였어요. 상암동에서 홍대-신촌-이대-종로-청량리-면목동까지 서울을 동서로 가로지르는 노선인 271번 버스를 타고 관심사에 맞는 장소를 탐색하는 프로젝트였죠.

이 프로젝트를 함께한 장애-비장애인 학생 그룹은 교실을 답답해하고 마을과 학교를 벗어나 새로운 세계를 접하고 싶은 욕구가 큰 이들이었어요. 그래서 학교 앞에서 출발하는 271번 버스를 타고 서울이라는 도시가 어떻게 기획되고 디자인되었는지 이방인의 시선으로 낯설게 보기를 시도했어요. 장애와 비장애 학생 모두 처음 가보는 곳에서 길을 찾고, 낯선 이들과 인터뷰를 하고, 점심을 먹고, 쉴 곳을 찾아야 했어요. 당연히 서로에게 의지하지 않을 수 없었죠. 두세 명씩 소그룹을 지어 충분히 대화를 나누면서 버스에서 내릴 곳을 정하고, 어디로 발길을 옮겨서 무얼 볼 것인지 어디서 뭘 먹고 어떻게 시간을 보낼지 모든 일정을 함께 정했어요.

그 과정에서 비장애인 학생들은 장애인 학생들과 소통하는 방법을 조금씩 알아가게 되었어요. 시간을 함께 보내는 법에 대해서도 구체적으로 생각하게 되었고요. 저는 늘 장애인 학생들이 졸업 후에도 친구들과 관계를 이어갈 수 있어야 한다고 생각했고, 이 프로젝트가 그렇게 하는 데 조금이나마 도움이 되었으면 했어요. 다행히 '271 프로젝트'를 했던 친구들은 졸업한 후에도 간헐적으로 서로 안부를 묻고, 가끔 만나는 관계로 이어지고 있어요.

이 프로젝트에 참여했던 장애인 학생들이 졸업을 하자, 저도 자연스럽게 학교를 나온 장애인 학생들이 사회에서 고립되지 않으려면 어떻게 해야 하나 고민하게 되었어요. 그래서 졸업 전에 다양한 관계망을 형성하면 어떨까 하는 기대감을 가지고 '무경계 프로젝트'를 진행하게 되었죠. 이 프로젝트는 '졸업 후 마을에서 먹고사는 게 가능할까? 장애인들과 함께 살아갈 수 있는 공동체는 어떻게 가능할까?'라는 학생들의 물음에서 시작된 것이었어요.

우선 학교를 졸업한 장애인과 비장애인 청년들의 삶을 예상할 수 있는 곳들을 미리 다녀보기로 했어요. 장애인과 비장애인이 함께 있는 커뮤니티들을 찾아다니면서 할 수 있는 것들을 마을에서 실천해보기로 했죠. 무경계 프로젝트를 제안하자 관심 있는 고2, 고3 학생 대여섯 명이 모였어요. 졸업한 장애인 청년들도 초대해서 사전에 탐색해놓았던 여러 장소를 탐방했어요.

당시 고3이었던 자폐스펙트럼 장애가 있는 학생 한 명은 버스나 지하철 타는 걸 너무나 좋아했어요. 그래서 지하철을 타고 되도록 멀리 가보거나, 버스를 타고 이동하는 곳을 찾아서 다녔어요. 강화도도 가고 양평도 갔어요. 아침부터 세 시간 걸려서 가서, 한 시간 남짓 이야기하고, 다시 세 시간 걸려서 돌아오는 거죠.

또 다른 장애 학생은 카페에 가서 맛있는 걸 먹거나 새로운 데 가서 사람들 만나는 걸 좋아했어요. 그래서 함께 돌아다니면서 이야기하고 맛있는 거 먹고 돌아오는 활동을 많이 했어요. 카페에서 여유롭게 대화하면서 고민을 나누고 새로운 사실들을 알게 되어 참 좋았어요. 함께 찾아갔던 커뮤니티에서 했던 활동을 정리하면서 앞으로는 이런 걸 해보자고 상상하는 것도 즐거웠고요. 무경계 프로젝트 멤버들은 졸업 후에도 명왕성이라는 커뮤니티를 만들어 주 1회 정도 나들이를 하는 활동을 지속하기도 했어요.

프로젝트의 일환으로 장애인 졸업생을 강사로 초빙하기도 했어요. 장애인들은 도와주고 이해해줘야만 하는 대상으로 보는 시혜적인 태도들이 있잖아요. 평등한 관계로 느끼지 않는 경우가 많죠. 그래서 관계의 역전이 필요하다고 생각했고, 차니를 강사로 불렀어요. 차니가 잘하고 좋아하는 베이킹 수업을 성미산학교 고등과정 학생들과 함께 하려고요.

수업을 하기 전에 교사회에서 세미나를 했는데, '무지한 스승'에 대한 이야기를 나눴어요. '누구한테 무엇을 배우게 할 것인가? 배우는 사람이 스스로 배우도록 하려면 어떻게 해야 하나?'에 대해 고민해보았죠. 배움의 기회를 주는 사람이 선생이지, 가르치는 사람이 따로 있다고 생각하지 않아요. 앎의 기회를 주고 탐구할 수 있게 하는 사람은 누구나 선생님이죠. 차니만큼 우리한테 깨달을 수 있는 기회를 주는 선생은 없다고 생각했어요. 그래서 베이킹에 관심이 있는 비장애인 학생들과, 장애인 학생들하고 새로운 관계를 맺을 수 있는 사람들도 초대했어요. 수업을 계기로 차니랑 새로운 관계를 맺거나, 장애인 학생이 새로운 동기를 발견해서 무언가를 완성해가는 과정을 목격하기도 했어요.

제가 프로젝트를 기획하고 진행할 때 중요하게 생각하는 지점은, 누구든 혼자 하지 않고 팀을 만들어서 서로 돕고 의존할 수 있는 관계를 만드는 거예요. 그래서 이런 방식의 관계를 졸업할 때까지 계속 만들었어요. 집단에서 소수로 존재하면 아무도 챙기지 않거든요. 두세 명씩 그룹을 만들어 서로가 책임져야 하는 관계가 되면 졸업하고 나서도 '그 친구는 어떻게 지내지?' 하는 생각이 자연스레 들어요. 졸업 후 각자의 상황에 따라 만나고 싶은 의지가 있어도 발현되기 어려울 수도 있지만, 그래도 함께했던 경험이 있기 때문에 나중엔 그 친구를 기억하고 찾더라고요. 생일파티 때 서로를 기억해서 부르고 동창회 때 서로를 빠뜨리지 않고 챙긴 것도 좋은 효과를 낸 것 같아요.

얼마 전에 차니가 졸업생이랑 같이 단둘이 1박 2일 여행을 갔어요. 그 졸업생은 차니랑 271 프로젝트를 같이 했던 1년 후배인데, 졸업하고도 가끔 연락하고 지내는 사이가 되었어요. 이번 여행도 그 졸업생이 먼저 제안했고요. 차니랑 보내는 시간이 즐거워서 같이 여행 갈까 하는 생각이 들었다고 해요. 여행 경비도 졸업생이 마련해서 갔어요. 그런 관계가 만들어지는 데 10년 걸렸어요.

졸업 후 관계 잇기의 어려움

성미산학교에서 고2, 고3 담임을 줄곧 하다 보니 자연스럽게 '졸업생들의 담임'이기도 해요. 졸업 후에도 관계의 끈이 이어지니까요. 학생들은 졸업하기 직전의 담임 선생님을 가장 많이 의지해요. 저는 불안하고 두려운 상황을 함께 살피고 이런저런 궁리를 하면서 이야기를 나누는 사람이죠. 학생이 어떤 일을 하려고 하는지, 그 일을 하는 데 걸림돌은 무엇인지 살피는 위치예요.

졸업 후의 삶에 대해 이야기하다 보면, 장애 학생이든 비장애 학생이든 취약한 학생들은 자기 길을 찾는 데 어려움이 많아요. 가장 취약한 건 발달장애인 졸업생들의 삶이에요. 소속이 없어지면 관계부터 끊어지고, 그 이후엔 결국 부모가 그들의 일상을 다 채우는 방식으로 책임지죠. 그 친구들이 마을에서 어떻게 관계를 계속 이어갈 수 있게 할 수 있을까 하는 것이 저의 고민이자 몇몇 성미산학교 친구들의 고민이었어요.

그런 고민을 풀어나가기 위한 구체적인 방법을 찾고 가시화하는 데는 물론 어려움이 있었어요. 졸업생들의 상황이 각기 다르고, 대체로 불안정하니까요. 그럼에도 학교에서 12년을 같이 지냈던 사이라 다들 어느 정도 마음은 있었던 것 같아요. 그 마음을 실제로 일상에서 얼마나 실천하느냐는 개인차가 있지만요. 미약한 정도일 수도 있고, 의무감이 보태져 좀 더 적극적일 수도 있고요.

그들도 자기 문제가 크면 스스로를 돌보는 데에 많은 에너지를 써야 하잖아요. 이 사회는 청년들한테 호락호락하지 않으니까요. 그나마 성미산마을은 여유가 있는 편이라서 조금 나을지 모르지만, 20대들의 불안정함과 두려움이 사라지는 건 아니죠. 청년들의 삶의 구조를 바꾸기 어렵기 때문에 마을에서 당장 무언가가 가능하게 만드는 것도 저 혼자서는 힘들어요. 하지만 삼삼오오 모여서 하려고 할 때 거기에 끼는 건 쉽죠. 그게 바로 이 마을의 힘이기도 하고요. 학교에서 하지 못한 것들을 만들어가는 사람들이 마을에 있고, 저는 연결하고 참여하는 정도의 역할을 하고 있어요.

발달장애청년의 일상을 채우는 사부작

지금에야 고백하지만, 소피아가 사부작을 시작한다고 할 때 저는 반대했어요. 발달장애인 당사자 부모가 또 무언가를 시작한다는 게 마음에 걸렸거든요. 10년이 넘도록 뭐든 당사자가 시작하지 않으면 안 되는 상황에 대한 소심한 저항이랄까요? 소피아뿐만 아니라 발달장애인 부모가 남들이 차려놓은 밥상에 숟가락을 얹기를 바라지, 직접 밥상은 안 차렸으면 좋겠다는 생각을 했거든요. 하지만 사부작은 다른 시작이었던 것 같아요. 차니가 졸업하고 나서 어떻게 지내는지 안부가 궁금한 사람들이 모여서 무언가를 해보려고 한다는 이야기를 들었고, 누군가의 안부를 궁금해한다는 건 좋은 일이니까요.

사부작을 시작할 때 모인 사람들이 말 그대로 사부작사부작 즐겁게 상상하고 이야기 나누는 모습이 참 좋았어요. 저는 거리를 두고 지켜보면서 결국 이 일이 소피아와 연두 두 사람만의 일이 되는 건 아닐까 걱정했지만요. 하지만 지금은 사부작이 있기에 다양한 사람과 소식과 활동이 중심을 잡을 수 있었다고 생각해요. 사부작은 마을에서 장애인 운동에 관심이 있거나 상의하고 싶은 사람들이 모이는 구심점이 되고 있어요. 거점이 생기니까 각자의 위치에서 고민하고 활동해왔던 것들이 구체적으로 연결되고요.

저는 학교에서 관계를 맺었던 학생들과 졸업 후에도 지속적으로 관계를 이어가는 일에 관심을 가져야 할 의무가 있어요. 그래서 저에게 사부작청년의 일은 남의 일이 아니었어요. 이젠 학교에서 일하면서 사부작과 함께할 수 있는 일을 고민해요. 제가 할 수 있는 실험들을 하는 거죠. 차니를 학교에 베이킹 강사로 초대하거나 마카롱을 미술 수업 강사로 초대하는 것과 같은 연결을 만드는 일은 할 수 있으니까요. 학교와 사부작을 연결할 수 있는 프로젝트를 만들어서 실현 가능한 일들을 하는 게 제가 해야 할 몫이죠.

학생들이 실제로 여러 장애인 당사자를 만날 수 있어야 관계가 생기고, 그 관계를 통해서 서로의 세계를 알아갈 수 있어요. 졸업하고 나서는 함께 지냈던 시간을 기반으로 스스로의 삶 속에서 다양한 가능성을 만들어갈 수 있고요. 교사로서 저는 다만 서로를 알아갈 기회를 주고, 새로운 배움의 계기를 마련해줄 뿐이죠. 그런 시간들을 통해 관계를 쌓아가고, 가끔 만나서 밥도 먹고 산책도 가고 영화도 보고 일상의 일정 부분을 공유할 수 있는 사람으로 함께 존재하기를 기대해요.

앞으로도 발달장애인의 일상을 함께할 관계를 어떻게 만들 것인가에 대한 고민을 이어갈 거예요. 그건 교사로서, 졸업생들의 동료로서 제 삶의 문제이기도 하니까요. 이 고민을 멈추지 않고 지속할 수 있는 건 이정표로서 사부작이 항상 가까이 존재하고 있기에 가능한 일이에요. 더 나은 사회를 만들어가자고 서로 용기를 북돋우며 살아가고 있으니까요. 사부작을 통해 더 많은 이들이 좀 더 풍요로운 관계를 만들고, 삶의 기쁨의 순간들을 맞이할 수 있으면 좋겠습니다.

알로하를 나누다

길동무 가지

아기를 환대하는 마을

저는 몇 해 전 '소행주'라는 성미산마을 공동주택으로 이사 왔습니다. 마을공동체에서 살고 싶은 소망을 이루기 위해서였죠. 이사 올 때 위층 이웃의 막내아이가 여섯 살이었는데 첫 만남이 인상적이었어요. 아이가 자연스럽게 평어로 말을 걸었거든요. 예전에 사회적 기업에 다녀서 별칭을 쓰는 문화에 익숙했지만, 아이가 어른인 저에게 평어로 말을 건 건 처음이었어요. 충격이면서도 너무 좋았어요. 엄청난 해방감이 느껴졌죠.

"난 정우인데, 이름이 뭐야?"

"반가워. 난 가지야."

사실 저는 출산을 염두에 두고 성미산마을로 왔어요. 한 아이를 키우려면 한 마을이 필요하다는데, 아이를 안전한 곳에서 키우고 싶었죠. 이사 직후에는 공동체 문화를 크게 느끼지 못했어요. 아이를 낳고 집 안에만 있었거든요. 고립감이 느껴져 점점 힘들어졌고, 아이를 안고 마을 곳곳을 누비기 시작했죠. 아기를 데리고 온갖 곳을 다 다녔는데, 마을의 공간들은 아기와 저를 반겨주었어요.

비누두레 공방에 가고, 개똥이네책놀이터에도 아기를 데려갔어요. 마포희망나눔에서 수요일마다 어르신 모임을 했는데 그때도 아기를 데려가서 어르신들과 어울렸어요. 저는 만날 사람이 절실하게 필요했거든요. 생협 모임에서 만난 주민분이 아기를 데려가도 되는 체육관을 소개해주셨는데, 그곳에서 1년 동안 아기는 옆에서 놀고 저는 운동을 했어요. 아기와 아기 돌보는 사람을 환대해주는 마을이 안전하게 느껴졌어요.

골목을 다니면 인사하는 사람이 많아요. 특히 아이들하고 인사하는 게 즐거웠어요. 아이들한테 인사하는 어른이 많으면 더 안전한 골목이 될 수 있죠. 핸드폰이 없어도 어느 아이가 어디에 있는지 골목에서 만난 아이들에게 물어보면 다 알려주니까요.

"애들아, 안녕? 정민이 봤어?"

"가지, 안녕. 정민이 개똥이네책놀이터에 있던데."

당시 두레생협에서 육아하는 엄마들을 위해 육아사랑방이라는 모임을 열었어요. 아이의 돌봄 주체들이 고립되지 않도록 한 달에 두 번씩 만나는 모임인데, 어떻게 하면 아이를 생태적으로 키울 수 있을

지에 대해 이야기를 나누었어요. 아기 낳고 세상과 단절된 듯했는데, 마을살이를 하면서 주변 사람들 덕분에 극복할 수 있었어요.

육아사랑방에서 엄마들과 1년 동안 어울렸어요. 그러다 생협에서 지원 대상을 중장년으로 바꾸면서 육아사랑방이 없어졌어요. 참여했던 엄마들이 육아방을 계속했으면 좋겠고, 우리가 육아하면서 겪은 어려움을 다음 세대는 안 겪게 도와주고 싶다고 했어요. 그래서 모임을 다시 꾸렸고, 서울시육아지원사업 지원을 받아서 생생육아사랑방이라고 이름 붙이고 유지해가고 있어요. 아이가 어린이집에 다니고 나서는 제가 생생육아방의 활동가를 하고 있어요.

훌라춤을 나누다

마을에 마을예술창작소 공간 릴라라는 복합문화공간이 있는데 그곳에서 훌라춤 수업이 열렸어요. 아기를 데려가도 된다고 해서 아이가 세 살 때 수업을 듣고, 그 후로 1년 반 동안 배웠어요. 훌라춤을 더 깊게 알고 싶어서요. 저는 영화 〈모아나〉에 나오는 할머니처럼 나이 들고 싶은 꿈이 있거든요. 춤을 추고 유머가 넘치는 할머니가 되고 싶어요.

훌라춤도 협회가 있고 지도자 과정이 있어요. 훌라춤을 추는 사람들은 이렇게 말해요. "훌라 댄서는 춤을 잘 추는 사람이 아니라 알로하를 나누는 사람이다"라고요. 알로하는 단순한 인사말이 아니라, 서로 간의 따뜻한 관심이고 사람과 자연이 조화를 이루는 정신이에요.

예전 폴리네시아 사람들은 코를 맞대고 인사를 했다고 해요. 숨, 즉 생명을 나누는 것이지요. 알로하에서 나누는 가치는 배려, 관용, 사랑이에요. 그런 의미를 발견하고부터는 훌라춤을 여러 사람들과 나눠야겠다는 생각이 들었어요. 스스로 몸치라고 생각했는데, 제가 훌라춤 추는 모습을 담은 영상을 보면 춤은 서툰데도 표정이 정말 행복해요.

훌라춤 강사로 활동한 지는 얼마 안 됐어요. 2022년 초 개똥이네 문화놀이터에서 아이들하고 훌라춤을 추다가, 훌라댄스협회에서 소개받아 복지관의 발달장애인들을 대상으로 수업을 하게 되었어요. 저는 한 번도 발달장애인들과 같이 활동해본 적이 없었어요. 사부작을 알고 나서도 청년들과 인사 나누는 정도였지 같이 활동을 해본 적은 없었죠. 복지관에서 하는 훌라춤 수업은 수업 분위기는 좋았지만 선생님들의 태도를 견디기 힘들었어요. 복지관 선생님들은 장애인들을 강압적이고 권위적으로 대했어요. 쉬는 시간에도 문 앞을 지키면서 못 나가게 하고요.

수업을 마치고 돌아오는데 마음이 무거웠어요. 계속해야 하나 말아야 하나 고민이 되어서 바로 사부작으로 달려갔어요. 새삼 사부작의 존재가 고마웠어요. 발달장애인들만이 아니라 저 같은 비장애인도 가서 이런 이야기를 나눌 수 있다는 게 말이죠. 제 고민을 터놓고 이야기했는데 공감해주셨어요. 사부작 활동가분들은 어렵더라도 복지관의 발달장애인들을 위해 수업을 계속하는 게 어떻겠냐고 조언

해주셨는데, 결국은 제가 연락을 늦게 해서 수업을 계속하지는 못했어요.

훌라춤을 주고 막춤을 받다

마을에서 가끔 마주치는 발달장애청년들은 얼굴은 알지만 인사를 나눌 기회가 없었어요. 그런데 사부작이라는 공간을 알게 되면서 청년들과 인사를 나누기 시작했어요. 작은나무 카페에 차니가 구운 쿠키가 있기도 하고 자주 만나기도 해서 차니 얼굴은 알고 있었어요. 마카롱의 그림을 본 적이 있어서 마카롱은 기억하고 있고요. 피아노는 성미산에 매일 산책 나와서 알고요. 동네 아이들은 다 피아노를 알아요. 아이들이 피아노를 정말 좋아하죠. 누구나 환대해주니까요. 큰 목소리로 이름을 부르고 인사해줘요.

훌라춤을 마을 사람들이랑 나누고 싶다고 생각했고, 사부작에 제안을 했어요. 그러면서 사부작에 길동무라는 게 있다는 걸 알게 되었어요. 훌라춤으로 길동무를 하면 재밌을 것 같았죠. 사부작에서 청년들과 함께 훌라춤을 하는 첫날, 많은 계획을 세웠어요. 이야기 나누고 준비 체조도 하고 몸도 풀고 마무리해야지 했는데 다 계획대로 안 됐어요. 훌라춤 시간에 지켜야 할 약속도 만들려고 했는데 못 했죠.

그 동아리 이름이 '선샤인아놀드훌라'예요. 제가 동아리 이름 후보를 몇 개 생각해 갔고, 꽃다지가 청년들에게 어떤 이름으로 하면 좋을지 한마디씩 얘기해보라고 했죠. 혜정 씨는 꽂힌 단어가 있으면 그 말만 하는데 그날은 아놀드 슈워제네거의 '아놀드'에 꽂혔어요. 냐옹이는 영어 단어를 좋아하는데 그날은 '선샤인'이라는 단어를 말했고, 피아노는 '훌라'라고 이야기했죠. 그날 차니가 안 왔는데 왔더라면 이름이 더 길어질 뻔했어요.

단어들을 이어 붙였는데 처음에는 되게 어색했어요. 이름이 입에 붙질 않았죠. 하지만 이제는 너무 예쁜 이름이라고 느껴요. 우리는 뭔가를 시작할 때 의미를 먼저 부여하고 그 의미를 이름에 담아야 한다고 생각하잖아요. 하지만 '선샤인아놀드훌라'는 아무 의미가 없어요. 그래서 오히려 자유롭고 멋있는 것 같아요. 규정되지 않고 뭐든 할 수 있는 이름이라고 생각해요.

강의하기 전에는 계획을 세우고 진도를 짜는데 '선샤인아놀드훌라'에서는 그럴 필요가 없어요. 냐옹이가 제일 먼저 오는데, 본인이 좋아하는 댄스음악을 틀어달라고 해요. 냐옹이 덕에 생긴 루틴이 있어요. 각자 좋아하는 음악을 틀고 막춤을 추면서 시작하고, 훌라춤을 추었다가 다시 막춤을 추면서 수업을 마쳐요. 모두가 막춤의 대가예요. 눈치 안 보고 음악 크게 틀고 막춤 추는 시간이 편안하고 즐거워요.

저는 평생 막춤을 안 춰본 사람이거든요. 막춤 시간이 되면 저나 꽃다지, 소피아도 청년들의 흥에 취해서 몸을 막 움직여요. 저희 집 현관문에 "인생이란 눈치 보지 않고 춤을 추는 것이다"라고 붙여놨을 정도로 저는 항상 몸을 자유롭게 쓰고 싶었어요. 누구의 시선도

151

• 발달장애인과 함께하는 '쉐어블마을축제'에서 공연하는 가지(가운데)와 사부작

느끼지 않고 나로 살고 싶어서요. 사부작청년들과 막춤을 추면서 비로소 그 시간을 맞이한 거죠. 눈치 보지 않고 막춤을 추면서 훌라춤도 막춤이랑 닮은 것 같단 생각이 들었어요. 훌라춤도 자유롭고 편안한 춤이거든요. 청년들은 훌라춤을 출 때 행복해 보여요. 야외에 나가서 훌라춤을 추는 상상을 해요. 바다는 못 가도 한강이라도 나가서 추고 싶어요. 다음에는 훌라춤으로 여행도 해보자고 이야기했어요.

우리는 연결되어 있다

아이를 키우면서 전에는 몰랐던 걸 알게 되었어요. 유아차를 밀고 다니니까 계단이 있는 곳은 정말 가기 힘들었어요. 지하철에 엘리베이터가 있다는 게 얼마나 고마운지 몰라요. 장애인 이동권에 대해서도 생각해보게 되었고, 지하철 엘리베이터도 장애인권 활동가들이 투쟁해서 얻어냈다는 걸 알게 되었어요. 아기를 데리고 식당에 가면 주변 눈치를 보게 되는데, 전에 겪어보지 못한 배제를 경험하는 거죠. 아기를 낳고 장애인권에 더 공감하게 되었어요.

하루는 소피아와 정찬 씨를 생생육아방에 초대했어요. 소피아가 사부작에 대해 설명하고 길동무 활동을 소개해주었어요. 저는 길동무를 장애인에 대해 잘 알아야 할 수 있는 활동이라고 생각했어요. 장애인에 관한 지식이 있고 훈련되어 있는 사람이어야 하는 줄 알았죠. 그런데 그렇지 않다는 걸 직접 활동을 하면서 알게 되었어요. 저는 홀라춤을 계기로 길동무가 되었지만, 누구나 길동무가 될 수 있고 전문성이 없어도 자주 만나면 할 수 있어요.

소피아는 생생육아방 엄마들에게 사부작이 마을에 자리 잡은 과정, 차니랑 지내는 이야기, 함께 노래를 만들고 홀라춤을 추는 이야기를 들려주었어요. 장애에 대한 차별적인 시선 때문에 마음 놓고 다니기 어려웠다는 말에 한 분이 자기도 아이를 키우면서 못 가는 데가 많아 공감이 된다면서 성미산마을에서라도 자유롭게 어디든지 닿았으면 좋겠다고 하셨어요. 다른 엄마는 지역에서 발달장애인을 위한 공간을 마련하고 활동하는 일이 쉽지 않을 텐데도 마을에 자리 잡고 버텨주셔서 고맙다는 말을 전했어요. 이야기를 나눌수록 우리가 서로 다르지 않고 연결되어 있다고 느꼈어요.

모두가 좋은 마을

저는 사부작청년들을 길에서 만나요. 골목에서, 동네 카페에서, 성미산에서 만나죠. 기관에서 만났다면 이분들을 발달장애인이라고만 생각했을 거예요. 저는 청년들을 발달장애인보다 마을 주민으로 먼저 만났어요. 피아노는 성미산에서 늘 보는 이웃이고 마을 카페에서도 종종 만나요. 마을 카페는 발달장애인도 오지만 어린이나 노인이나 누구든 오잖아요. 작년 마을 축제 때는 마카롱 그림 전시를 보았어요. 마카롱은 그림을 그리는 이웃으로 만남이 시작되었죠. 그렇게 관계 맺을 수 있는 기회들이 주어져서 감사해요.

성미산마을에 와서 주변에 장애인이 많다는 걸 새삼 느껴요. 장애인들이 집 밖으로 못 나오고 있었을 뿐이란 걸 전에는 잘 몰랐어요. 인권에 대해서 얘기할 때도 '여성', '노동자'처럼 저에게 해당되는 것들만 주로 생각했죠. 현실에서 장애인 친구가 있는 것과 없는 것이 천지차이라는 걸 마을에 살면서 알게 되었어요. 장애인 친구가 생기면서 장애인권을 위해 같이 애쓸 수 있는 계기가 마련되었어요. 여성 문제를 여성 혼자 풀어야 하는 게 아니듯 장애인권도 마찬가지라고 생각해요.

이제는 서로 조금씩 익숙해진 것 같아요. 소피아나 꽃다지 덕에 제가 사부작과 연결된 것처럼, 사부작이 마을과 더 가까이 연결되면 좋겠어요. 사부작을 알게 되면 사부작청년뿐만 아니라 우리에게도 풍성한 관계를 선사해요. 그 관계가 행복한 마을살이를 만든다고 생각해요.

　사부작은 제 마을살이를 풍성하게 해주는 이웃이에요. 저는 요즘에야 비로소 마을살이가 즐거워요. 만나는 사람마다 큰 소리로 인사를 해요. 모르는 사람에게도 큰 소리로 인사하고 싶어요. 제가 사는 골목이 인사를 많이 나누는 골목이 되면 좋겠어요. 인사는 힘이 있어요. 인사를 주고받으면 기분이 좋아져요. 사실 이것도 피아노에게 배운 거예요. 피아노는 만나는 누구나에게 자기가 할 수 있는 가장 큰 환대를 전해요. 피아노를 만나면 하루 종일 기분이 좋아요. 저도 이제 환하게 웃으며 큰 소리로 인사를 나누는 사람이 되려고 합니다.

　"안녕하세요. 반가워요."

가족을 넘어선 관계를 꿈꾸며

길동무 유예

성미산학교

초등학교 2학년 때 성미산마을로 이사 왔어요. 저랑 한 살 차이 나는 동생 인찬이에게 자폐스펙트럼 장애가 있어서 통합교육을 하는 성미산학교를 염두에 두고 이 마을로 온 거였죠. 이사 온 첫날이 지금도 생생히 기억나요. 저희 집이 성미산학교랑 가까웠는데, 이사 소식을 듣고 학생 몇 명이 내복 바람으로 보드게임을 들고 놀러왔어요. 처음 보는 또래 친구들이 우르르 몰려와 말을 걸었던 그 장면이 성미산마을의 첫인상이죠.

"반가워. 이름이 뭐야?"

"네가 오늘 이사 온 친구지? 나랑 보드게임 하자."

제가 성미산학교 초등과정 2학년으로 올라가면서 동생 인찬이는 통합지원 학생으로 입학했어요. 저는 쉬는 시간마다 인찬이 교실에 찾아갔어요. 복도에 교실을 들여다볼 수 있는 창문이 있어서 발꿈치를 들고 인찬이가 잘 있나 살펴봤어요. 친구들이 혹시 괴롭히지는 않을까 걱정이 됐거든요. 자기가 먹은 식판은 스스로 닦아야 하는데 인찬이가 잘 하지 못할까 봐 1학년 학생들 사이에서 인찬이 식판을 닦아주곤 했어요. 인찬이 것만 닦을 수 없어서 다른 아이들 식판도 닦아주기도 하고요. 인찬이는 생각보다 잘 적응했어요. 친구들하고 잘 어울리고요. 그래서 한 달 후부터는 안 찾아갔어요. 저도 저 놀기에 바빴거든요.

인찬이가 초등과정에서는 친구들과 잘 어울렸는데 중등과정에 올라가면서 갈등이 생겼어요. 친구들 사이에서 소외되면서 작은 자극에도 민감하게 반응했어요. 점심시간에 울면서 제 교실로 내려온 적도 몇 번 있었어요. 그러면 저는 인찬이를 조용한 곳으로 데려가서 마치 상담 선생님처럼 달랬어요.

"인찬아, 일단 진정해봐. 우리 마음을 탐구해보자. 지금 네 마음이 어때?"

'학교에서 인찬이를 걱정하고 이해하는 사람은 나밖에 없구나'라는 생각이 들었어요. 저는 자연스럽게 항상 인찬이를 걱정했어요. 제가 이런 마음을 갖고 있었다는 걸 엄마가 알면 당황할 거예요. 엄마는 저에게 그런 부담을 주지 않으려고 노력했거든요. 부모님은 저한테 장녀로서 어떤 것도 요구한 적이 없었어요. 하지만 지는 어린이집부터 성미산학교까지 인찬이랑 늘 붙어 있었기 때문에 자연스레 그런 마음이 생겼던 것 같아요.

성미산학교에 다니면서 통합교육이 쉬운 게 아니라는 걸 알게 됐어요. 중학교 1학년 때 같은 반에 휠체어를 탄 친구가 있었어요. 수업 과정으로 농장학교에 갔는데 학생들이 농사도 짓고 밥도 지어 먹어야 했어요. 하지만 친구는 농사짓는 일에 참여할 수 없었고 요리를 하려고 해도 싱크대가 높아서 할 수가 없었어요. 통합교육을 지향하는 학교에서 하는 프로그램이었는데 아무것도 마련이 안 되어 있었죠. 그 친구는 결국 학교를 그만뒀어요.

토마스와 친구들

12년 동안 같이 성미산학교를 다녔던 친구 중에 토마스라는 통합 지원 친구가 있어요. 토마스는 남자라서 학교에서나 여행 갈 때 남자 친구들이 주로 돌봄을 맡았고, 조용히 따라오는 친구라 신경 쓸 일이 많이는 없었어요. 저는 그때 동년배 여자 친구들이랑 어떻게 잘 지낼까에 신경 쓰느라 토마스에게 거의 마음을 안 썼어요.

그러다 고등학교 2학년 때 대만으로 3개월 동안 같이 여행을 갔어요. 3개월을 함께 지내다 보니까 토마스에게 어떤 부분에서 도움이 필요한지도 보이고, 제가 안일하게 남자 친구들에게만 그 역할을 떠넘겨왔다는 것도 깨닫게 되었죠. 토마스만의 습관도 많이 알게 되었어요. 토마스는 특히 어딜 가든 팸플릿을 가져오려고 해요. 어느 날은 팸플릿이 젖어서 냄새가 나길래 뺏으려고 했더니 토마스가 소리를 지르면서 제 머리를 때렸어요. 토마스가 싫어하는 것, 화가 나면 머리를 때린다는 것도 그때 알게 됐어요.

초등학교 때는 어른들이 장애인이라는 말을 쓰지 않으려고 "도움이 필요한 친구"라고 불렀어요. 저도 그렇게 대했던 것 같아요. 늘 뭔가 제공하고 도와줘야 하는 관계였죠. 그런데 그 여행에서는 토마스가 제 머리를 때리면 저도 토마스를 때리면서 사과하라고 소리 질렀어요. 누가 보면 장애인 학대로 오해할 수도 있었겠죠. 그 친구는 싫었겠지만 저는 그 변화가 좋았어요. 옛날의 저였다면 '내가 맞아도 장애인이니까 이해해야지. 흥분하면 주체를 할 수 없는 게 장애인의 특성이니까'라고 생각했을 거예요. 근데 사과하라고 요구할 수 있는 관계가 된 게 좋았어요. 그다음부터 싫은 말도 할 수 있게 됐죠. "너 왜 거기서 그러고 있어? 일로 와"라고요.

성미산학교는 졸업할 무렵에 대부분 진로를 결정해요. 누구는 대학을 가고, 누구는 여행을 가거나 취직을 하고요. 중증발달장애인 토마스는 자기 삶을 스스로 기획하기 어려운 친구였는데 내가 이대로 가버려도 될까 하는 생각이 계속 들었어요. 그래서 졸업 후에 일주일에 한 번이라도 학교에서처럼 모여서 놀고 가끔은 함께 여행도 가자고 계획했어요. 마음 맞는 친구 몇 명이 모임을 만들었고, 토마스가 기차를 좋아해서 '토마스와 친구들'이라고 이름을 붙였어요.

제가 면허를 막 땄을 때여서 운전해서 여행을 간 석도 있고, 지하

159

• 오락실에서 토마스와 친구

철을 타고 영화도 보러 가고, 보드게임도 하고요. 장애인이랑 비장애인이 같이 보드게임 카페도 가고 영화관도 가고 놀 수 있다는 걸 사람들이 알아주면 좋겠다고 생각했어요. 처음에는 그 과정을 유튜브에 브이로그로 올리려고 했어요. 근데 어떻게 해도 그림이 이상하게 나오더라고요. 대상화를 피할 수가 없었어요. 몇 번 촬영하다가 포기하고 저희끼리 그냥 놀러 다녔어요.

토마스는 중증발달장애가 있어서 인찬이랑 많이 달랐어요. 저는 인찬이랑 살면서 장애인이랑 한집에서 살고 있다고 감각해본 적은 없었어요. 인찬이는 자폐성 장애인이지만 고기능이고 의사소통도 잘 되는 편이거든요. 제가 장애인권에 관심을 갖게 된 건 인찬이보다 토마스 때문이에요. 토마스와 함께 공부하면서 이 친구가 졸업하면 어떻게 먹고살까 구체적으로 고민하게 됐어요.

명왕성 프로젝트

성미산학교를 졸업하고 대학에 진학하기보다 돈을 벌고 싶었어요. 대학에 가지 않고도 많은 걸 배울 수 있다고 생각했어요. 사교육과 입시경쟁에 숟가락을 올리고 싶지 않았고요. 그런데 돈이 필요했죠. 그래서 '저를 써먹어 주세요'라고 포스터를 만들었어요. 돈은 벌고 싶은데 제가 싫어하는 재미없는 일을 하기는 싫었거든요. 제가 할 수 있는 일들을 목록화해서 포스터를 만들어 마을 카페에 붙였어요. 저는 어릴 적부터 돈을 어떻게 벌어야 하는지에 관심이 많았어요. 기타를 가르치고 화보 만들어서 돈도 벌었고요.

졸업 후 본격적으로 마을에서 일을 해보자 싶어서 마을에서 활동하는 청년을 모아 그룹을 만들고 '명왕성'이라고 이름을 붙였어요. 버는 돈은 n분의 1로 나누자고 했어요. 스스로 뭔가를 해보겠다고 했을 때는 마을 어른들이 다들 멋지다고 지지해주셨어요. 하지만 막상 일을 찾으려니 우리가 할 수 있는 일이 별로 없었어요. 당시 성미산학교는 인가받은 대안학교가 아니었기 때문에 검정고시를 봐야 했는데, 저희는 검정고시를 안 봐서 학력이 초등학교 졸업이었어요. 그 학력으로 마을에서 할 수 있는 일이 없었어요. 마을 사업은 국가 지원금으로 운영되는 경우가 많고, 대부분 어느 정도의 학력 이상이어야 했어요. 좌절감을 많이 느꼈고, 대안을 마련하고 싶은데 그럴 능력도 없고 도와줄 사람도 없었어요.

마을에서 환영을 받으려면 우리만의 사업이 있고 계획이 있어야 할 것 같은데 스무 살이 뭐가 있겠어요? 그럼에도 유능해야 한다는 딜레마가 있었어요. 마을에서 뭔가를 보여줘야 환영을 받을 텐데, 그게 안 되니까 후원이 안 들어오고 후원이 안 들어오니까 뭘 못하고 악순환이었죠. 명왕성을 만들고 마을에서 이것저것 해보려고 했는데 마을 어른들 몇몇이 모질게 말했어요. "너희가 한다는 프로젝트의 레퍼런스가 뭐냐? 공부 안 하고 이런 걸 할 수 있겠냐? 책은 뭐 읽었냐? 내가 왜 후원을 해야 하는지 모르겠다"라고 하셨죠. 그때는 충격을 받기도 했고, 앞으로 어떻게 일을 해야 하나 고민이 커졌어요.

무형의 네트워크

그 시기 사부작 사무실 한쪽에 명왕성 공간을 마련했어요. 회의할 기지가 필요했거든요. 사부작이 시작할 때라 규모가 작아서 저희가 월세 15만 원을 내고 사무실을 함께 사용했어요. 정찬 씨랑 어울릴 접점이 없었는데 사부작을 왔다 갔다 하면서 관계가 생겼어요. 그런 식으로 오가며 자연스레 명왕성 멤버가 사부작 길동무가 되었어요. 사부작청년들과 합창 모임을 같이 하면서 비올라하고 피아노, 마카롱(인찬), 차니랑 노래를 불렀어요. 노래에 율동이 있으면 좋겠다고 활동가분들이 요청하셔서 율동을 만들고 함께 연습하기도 하고요. 사부작에서 〈운동〉이라는 노래를 만들었는데 그 안무를 제가 했어요. 뮤직비디오가 필요하다고 해서서 명왕성에서 만들기도 하고요.

사부작 이야기를 처음 들은 것은 성미산학교 다닐 때였던 것 같아요. 그때는 장애운동에 관심이 없었어요. 엄마는 늘 멋있고 재밌는 거 하니까 그런 일이겠지 생각했어요. 엄마가 사부작에서 어떤 것들을 할 거라고 여러 번 설명해줬던 것 같은데 귀 담아 듣지 않았어요. 저는 늘 엄마를 이상주의자라고 생각하는 편이었거든요. 개소식 축하 공연을 해달라고 해서서 사부작이 뭐 하는 곳인지도 모르고 엄마가 한다니까 가서 공연을 했어요.

저는 사부작이 어떤 물리적인 공간이라고 생각하지 않아요. 장애인들이 와서 시간을 보내는 공간이 아니라, 개개인이 이 지역사회에서 어떻게 관계를 맺으면서 살 수 있을지를 같이 고민하는 무형의 조직이라고 생각해요. 무형의 네트워크 같은 거죠. 장애인이랑 비장애인이 동네 이웃이 되어서 같이 놀고 밥 먹고 생활할 수 있는 문화를 만들어가는 공간이라고 생각해요.

길동무를 만드는 게 어렵다고들 해요. 그런데 길동무는 지인들부터 시작할 수밖에 없을 것 같아요. 낯선 사람을 길동무로 맞이하는 건 정말 쉽지 않으니까요. 제가 사부작 합창 모임에 제 친구를 데려왔거든요. 친구가 피아노를 잘 쳐서 데려오고 싶다고 했더니 사부작에서 피아노를 마련해주셨어요. 저는 노래를 지도하거나 파트 나누거나 율동 만들어보는 활동을 했고 그 친구는 피아노를 쳤어요. 처음에는 그렇게 해야 되지 않을까요.

가족을 넘어선 관계

제가 조금 늦게 대학교에 진학했는데 영화를 전공하고 있어요. 전에 태극기부대를 짧게 영상으로 찍은 적이 있었는데, 그 일이 재밌어서 대학에 가서 다큐멘터리를 배워야겠다고 생각했어요. 과제로 영상을 제출해야 하는데 반 학기 만에 찍을 수 있는 게 가족 얘기밖에 없겠더라고요. 가족 이야기를 한 번은 해야 하지 않을까 싶기도 했고요. 앞으로 어떤 작업을 하든 비장애 형제 정체성이 계속 묻어날 것 같았어요. 그럴 거면 나를 설명하고 내가 누구인지 탐구할 수 있는 다큐멘터리를 만들어보자는 생각에 자기소개 같은 느낌으로 영화 〈이사〉를 만들기 시작했어요. 당시가 집 리모델링을 계획하면서 가족들 간에 집에 대해 이야기를 많이 나누던 시기였거든요.

영화에는 시골로 이사 가고 싶은 엄마와, 이사를 가고 싶어 하지 않는 동생과, 아빠와 제가 등장해요. 영화에서 동생에게 엄마가 이사 가고 싶어 하는데 너는 어떠냐고 물었어요. 인찬이는 아직은 자립하고 싶지 않다고 말해요. 인찬이가 자립하고 싶어 하지 않는다는 건 알았는데 본인 입으로 들으니까 더 막막했던 것 같아요.

언제든 자립을 해야 할 순간이 오잖아요. 인찬이도 곧 자립을 해야 할 텐데, 어떻게 해야 자립해야겠다는 생각을 할까 고민이 들더라고요. 그래서 '피플퍼스트'에 관심을 가졌어요. 도대체 저분들은 어떻게 탈시설을 결심했으며 자립에 대해 어떤 고민을 하고 계시는지 궁금했어요.

피플퍼스트는 발달장애인 당사자들이 일하는 장애인권단체예요. 피플퍼스트 운동에 관심을 갖고 있던 차에 발달장애인 활동가의 근로지원인으로 일하게 되었어요. 장애운동 안에도 다양한 그룹들이 있잖아요. 휠체어 이용자들이 주로 있는 그룹이 있고 부모들이 있는 그룹이 있고요. 저는 제가 어디에도 속할 수 없다는 생각을 많이 했던 것 같아요. 여기저기 기웃거리던 중에 피플퍼스트를 알게 됐는데, 제가 갖고 있는 생각과 비슷하고 마치 저를 대변해주는 단체인 것 같았어요.

피플퍼스트는 가족을 넘어선 관계를 꿈꿀 수 있게 해줬달까요. 가족과 살든 그렇지 않든 모두 행복하게 살 수 있어야 한다고 말하는 듯했어요. 운동의 중심이 당사자에게 있어서 좋았어요. 인찬이가 가족이랑 살든 나와서 살든 두 가지를 수평적으로 놓고 생각할 수 있겠다, 이런 운동이 확대되면 좋겠다고 생각했어요.

가장 민주적인 회의

피플퍼스트 활동은 입사한 첫날부터 인상적이었어요. 그날 피플퍼스트 하반기 평가회의가 있었는데 회의실에 다 같이 뺑 둘러앉아서 회의를 했어요. 외부인의 시선으로 보면 중구난방 같을 거예요. 발달장애인 활동가의 말을 끊는 사람도 없고, 논의 주제에서 벗어난 얘기라고 타박하는 사람도 없었어요. 누군가가 그 활동가의 말에 의미를 부여해주고 다시 사업 주제로 이야기를 끌고 오는 식이죠. 그 모습을 보면서 되게 재밌고 좋다고 생각했어요. 그날 집에 돌아와서 엄마를 보자마자 말했어요.

"지금까지 본 회의 중에 제일 민주적인 회의였어!"

정말 신선한 충격이었어요. 아무도 힘들다고 불평하지 않고 즐겁게 참여했어요. 누가 "나 지금 너무 허리가 아파", "화장실 좀 갔다 와야겠어" 하면 다들 쉬었어요. 수평적인 분위기가 느껴졌죠.

피플퍼스트는 발달장애인 당사자 운동을 하는 곳이기 때문에 다른 단체에 비해 평등한 관계로 활동하려고 노력해요. 그런데도 어느 순간에 장애인 당사자 활동가들이 비장애인 활동가들한테 검사받는 형태가 되더라고요. 장애 특성에서 기인한 것일 수도 있고, 그동안 학습된 것일 수도 있죠. 어떤 공간이든 마냥 수평적일 수는 없다는 생각도 들어요. 일할 때 더 조심하고 경계해야겠다고 생각해요.

저도 말로는 늘 장애인권을 이야기하고, 우리 사회에 있는 능력주의나 정상 신체를 보는 시선에 문제를 제기해왔어요. 하지만 막상 발달장애인과 일을 하려니 쉽지 않았어요. 오늘 해야 하는 업무를 해내는 것 자체가 큰 도전이더라고요. PPT를 수정하는 것도 그랬어요. 페이지를 수정할 때 딜리트 키를 클릭하면 빨리 끝나는데, 발달장애인 활동가는 페이지를 여는 것부터 오래 걸려요. 천천히 키를 찾고 천천히 누르죠. 저는 이런 느림이 답답한 거예요. 대신해주고 싶은 마음이 엄청 올라와요. 머리로는 이 사람은 빨리하는 게 중요한 게 아니라 하는 게 중요하다는 걸 알지만, 계속 '대신해주고 싶다'라는 마음이 치솟는 거죠. 그 두 가지가 충돌하는 게 힘들었어요. 자조적으로 '나도 별거 없다'라고 생각했어요.

저한테 일을 빨리 끝내려 하고 대신해주려고 하는 모습이 있다는 걸 자주 느꼈죠. 그런 스스로의 모습에 충격을 받아서 애인한테 말했더니 웃으면서 "너 원래 그래" 하더라고요. 저는 농담조로 대안학교 모범생으로 자라서 그렇다고 얘기해요. 하고 싶은 게 없는 질풍노도 시기의 청소년들 사이에서 저는 '늘 하고 싶은 게 있는 사람'이었어요. 그러다 보니 자꾸 대표를 맡게 되고, 대표니까 일을 하게 되고, 일을 안 하는 친구들을 보면 화가 났죠. 그게 습관이 되었던 것 같아요. 어렸을 때부터 일을 잘한다는 자부심이 있었고, 열심히 하는 것과 별개로 비효율적으로 일하는 사람이나 비효율적으로 진행되는 회의를 되게 싫어했거든요. 피플퍼스트에서 하는 회의는 제 기준에서는 굉장히 비효율적인 회의죠. 평가하고 넘어가야 하는데 자꾸 옛날 얘기하고 그러니까요. 하지만 타자 속도는 제가 더 빠를지 몰라도 투쟁에 대해서는 배우는 게 많아요.

엄마는 항상 자기가 장애운동을 안 하려고 지금 운동을 하고 있는 거라고 말해요. 사부작은 아직 장애인 부모들이 주축이 되어 장애운동을 하고 있어요. 사부작청년들도 강사 활동이나 다양한 활동을 통해 활동비를 벌지만, 사부작에서 주요한 결정을 하는 활동가는 비장애인이라는 것도 마음에 걸렸어요. 그러다 피플퍼스트에서 권리옹호 활동을 노동으로 보는 걸 보고 생각을 전환하게 됐어요. 전에는 사부작에서 소피아, 연두, 꽃다지가 하고 있는 업무를 발달장애인들이 하기는 어렵겠다고 생각했어요. 하지만 피플퍼스트에 가서 보니까 각자 할 수 있는 일들이 있었어요. 사부작에서 앞으로 더 많은 자리와 활동을 만들어야 할 것 같아요.

그냥 친구

길동무 오다

학교에서 만난 친구

저는 성미산학교 졸업생이에요. 정찬이 형, 토마스랑 같이 성미산 학교를 다녔어요. 학교 다닐 때까진 저도 모르게 정찬이 형이나 토마스를 보면 도와야겠다는 생각을 많이 했어요. 장애인은 보호하고 지켜주고 배려해야 하는 존재라고 생각했던 것 같아요. 누군가를 돕고 배려하면서 자존감을 확인하려는 마음이 저도 모르게 자리 잡고 있었던 듯해요. 하지만 정찬이 형과 함께 시간을 보내면서 다른 방법들을 보게 됐어요. 형이 편견을 많이 부수어줬어요.

성미산학교에 다닐 때 선생님이신 사이다는 제가 정찬이 형이나 토마스와 어울리는 시간을 편안해한다는 걸 아셨던 것 같아요. 정찬이 형이나 토마스랑 함께하는 시간을 만들어보면 어떻겠냐고 먼저 제안해주셨어요. 저도 흔쾌히 좋다고 했어요. 정찬이 형이 물을 좋아해서 수영장도 가끔 함께 가고, 마트도 같이 가고 그랬어요. 수영장에 가면 수영도 하고 미끄럼틀도 타고 재밌게 놀다 오곤 했죠. 정찬이 형이나 토마스는 수학 시간이 힘들 수 있으니까 종종 장을 보러 같이 가기도 했어요. 두 사람 모두 시장이나 마트에 가는 걸 좋아하거든요. 문구점에 가서 "형, 지우개가 5백 원이고 노트가 천 원이면 얼마야?" 이렇게 장 보면서 계산을 해보는 거예요. 선생님께 학교에서 필요한 물품 구매 리스트를 받아서 문구점이나 시장에 가서 하나하나 계산해보고 사 오곤 했어요. 정찬이 형은 음식을 조절해야 하는데 저랑 갔을 때는 핫도그나 치킨이나 스무디를 몰래 먹기도 했어요.

정찬이 형이랑은 두 살 차이예요. 형은 졸업하고도 얼마간 성미산학교 안에 있는 미니샵 카페에서 일했고, 저도 형이랑 같이 일했어요. 어떤 날은 쿠키를 굽고, 다른 날은 장을 보고, 어떤 날은 앉아서 이야기를 나누고요. 함께 할 수 있는 일들을 다양하게 했어요. 대개는 쿠키를 굽는 일을 했어요. 재료를 계량해서 반죽하고 오븐에 굽는 과정인데, 쿠키는 형이 전문가였어요. 특히 계량은 굉장히 정확해요.

졸업하고는 자주 만나지 못했어요. 저는 졸업 후에 서울에서 아산으로 이사를 갔거든요. 가끔 만났는데 다행히 오랜만에 만나도 형이 저를 낯설어하지 않았어요.

서로에게 도움을 주는 관계

저는 정찬이 형이 유독 편했어요. 형이랑 성향이 비슷해요. 저나 형이나 사람 많은 곳을 힘들어하고 가만히 있는 걸 좋아하거든요. 저는 또래랑 잘 부딪치는 편인데 형이랑은 그런 적이 거의 없어요. 형하고 있으면 꾸미거나 계산할 필요가 없어요. 형이랑 만나면서 저에게도 많은 도움이 되었어요. 일방적인 관계가 아니라 서로가 서로에게 영향을 받아요. 저는 그게 굉장히 중요하다고 생각해요.

제가 원래 생각이 많거든요. 친구들이랑 있으면 사소한 걸로 마찰이 생기고, 계속 고민하면서 부정적인 감정에 얽매이기 십상인데 형이랑 있으면 굉장히 단순해져요. 정찬이 형은 엄청 솔직하고 정직해요. 감정 표현할 때 보면 아이 같죠. 사실 아이보다 자유로운 건 없잖아요. 저는 제 감정을 솔직히 표현하지 못하는데 형은 잘하는구나 하는 마음도 있었어요. 돌아보면 사실 상호 의존적인 관계였던 거죠. 그걸 느끼고 나서부터는 관계가 훨씬 더 자유로워진 것 같아요.

형이랑 가깝게 지내면서, 어떻게 하면 장애에 대한 사람들의 인식이 변할 수 있을까 끊임없이 고민했어요. 저는 이상적으로 생각하는 경향이 있거든요. 모두가 서로 이해하고 갈등 없이 조화롭게 사이좋게 살면 좋겠다고 생각하지만 현실은 그렇지 않잖아요. 저도 딱 부러지는 답이 있진 않았어요. 장애를 바라볼 때 편견에 갇히지 않으면 친구 같은 관계로 확장될 수 있다는 걸 사람들이 알았으면 좋겠어요. 이론적인 공부보다는 직접 경험할 수 있는 환경이 많아졌으면 좋겠단 생각을 해요. 사람들에게 강요할 수 있는 것이 아니니, 나라도 할 수 있는 것부터 실천하자고 생각하죠. 이번 여행을 다녀오면서 답을 조금 얻은 것 같기도 해요.

단둘이 떠난 여행

형과 함께하는 여행은 혼자 생각해낸 건 아니었어요. 소피아랑 형이 아산에 놀러 왔는데 같이 밥 먹다가 형이 나이 들수록 엄마한테 의존하는 경향이 더 많이 나타난다, 소피아도 걱정이 조금씩 늘고 있다는 대화를 했어요. 엄마에게 더 의존하는 경향을 깨려면 어떤 경험이 필요할까 생각하다가 소피아 없이 하는 여행을 떠올렸어요. 한번 해봐야겠다 싶었죠.

형하고 둘이 여행 가기로 결심하고, 여행지는 바다도 볼 수 있는 태안으로 정했어요. 소피아가 아산 저희 집까지 정찬이 형이랑 왔고, 집에서 태안 숙소까지는 제가 운전해서 갔어요. 오후 두 시 넘어서 출발했는데 도착하니까 거의 저녁 먹을 시간이었어요. 씻고 쉬다가 저녁으로 고기를 구워 먹었어요. 숙소 사장님이 불 피워주시고 제가 구웠는데 정찬이 형이 좋아했어요. 엄청 웃고 많이 먹었어요. 크게 불편한 건 없었어요.

저녁 먹고 형한테 "우리 바다 갈까?" 하고 제안했어요. 형이 좋다고 해서 밤에 바다도 보고 왔어요. 많이 걷지는 않고, 바다 보고 슬러시 사 먹고 숙소로 돌아왔어요. 밤에 형이 엄마를 찾을까 봐 좀 걱정을 했었어요. "엄마 언제 오냐? 집에 가자"라고 할 줄 알았는데 진짜 한 번도 소피아를 안 찾았어요.

잠도 푹 잘 잤어요. 아침에 일어나서는 같이 토스트를 해 먹었어요. 토스트 구워서 같이 먹고 카페 가서 커피 사서 숙소를 나섰어요. 저희 집 가는 고속도로 중간 휴게소에서 소피아를 만나기로 했거든요. 휴게소에 소피아가 먼저 와 있어야 하는데 저희가 먼저 도착했어요. 그때는 형이 엄마를 찾긴 했는데 기분이 그렇게 나빠 보이지는 않았어요.

이번에 같이 여행하면서 몰랐던 걸 많이 알게 됐어요. 처음 보는 모습도 봤어요. 숙소에서 투정도 부리고 짜증도 내고 했는데, 그런 모습을 전에는 많이 못 봤거든요. 사실 반가웠어요. 제가 더 편해진 거잖아요.

돌발 상황도 있었어요. 밤에 바다에 갔다가 돌아오면서 형이 마스크를 잃어버렸어요. 형은 자기 물건을 잃어버리면 꼭 찾아야 돼요. 그래서 마스크를 찾으려고 두 시간을 헤맸어요. 제 차에 여분의 마스크가 있어서 그걸 줘도 본인 마스크가 있어야 하는 거죠. 저도 어떻게 해야 될지 모르겠더라고요. 다행히 마스크는 찾았어요. 조수석 아래에 떨어져 있었죠. 그때부터 형 기분이 다시 좋아졌고 즐겁게 돌아왔어요.

함께하면 편한 사이

형이랑 계속 관계를 맺어왔지만 이번 여행은 무척 특별한 경험이었어요. 형에게도 그랬겠죠? 엄마를 떠나 친구랑 간 여행은 처음일 테니까요. 학교에서 여러 사람이랑 함께한 프로그램이 아니라 단둘이 목적 없는 여행을 한 거잖아요. 처음에는 '과연 뭘 같이 할 수 있을까?' 하는 마음과 '이것저것 할 수 있는 건 다 하고 싶다'는 두 가지 마음이 다 있었어요. 날짜가 점점 가까워지면서는 늘 그랬던 것처럼 그냥 편안한 여행을 하고 싶다는 생각을 했어요. 미리 계획하지 말고 가서 쉬엄쉬엄 천천히 여행하자고요.

형이랑 저랑 둘 다 돌아다니기보다 편안한 곳에 머물러 있기를 좋아하니까 계획 없이 숙소하고 저녁에 먹을 바비큐만 정했어요. 나머지는 즉흥적으로 해볼 작정이었죠. 원래 친구랑 하는 여행은 미리 계획하지 않고 훌쩍 떠나기도 하니까 우리도 그렇게 한 거예요.

부모님과 함께 사는 장애인은 부모님이 돌아가신 후에 고립될 수밖에 없는데, 주변에 인연을 유지할 수 있는 사람이 있다면 얼마나 좋을까. 만날 사람이 있는 게 중요할 텐데 내가 그런 사람이 될 수 있지 않을까. 형이랑 만나면서 여러 가지를 깨닫게 돼요.

정찬이 형을 만나고 미니샵에서 일할 때도 즐거웠고, 같이 시장 가서 닭꼬치 먹고 슬러시 마시고 어울리는 것도 재미있었어요. 형이랑은 특별한 걸 하지 않아도 즐거워요. 굳이 노래방을 가거나 당구장을 가거나 영화를 보거나 인스타에서 유명한 카페를 가지 않아도, 같이 있는 것만으로도 편안해요. 제가 형한테 뭘 준 게 아니라 형이 저에게 많은 것을 가르쳐주고 있었다는 걸 자주 느껴요.

여행을 가서는 진짜 그냥 편안하게 있다 왔어요. 거창한 의미가 있는 여행이 아니라 그저 '좋았다'가 전부인 것 같아요. 또 그런 여행을 할 수 있으면 좋겠어요.

그냥 친구

형은 기분이 안 좋아지면 소리를 지르면서 막 뛰어다닐 때가 있어요. 그럴 땐 조금 위험할 수 있어요. 힘으로 말릴 수는 없어요. 형이 덩치가 크고 힘도 세거든요. 그래도 그런 상황을 많이 겪다 보니까 이제는 어떻게 해야 하는지 조금 알게 됐어요. '어떻게 할 수 없구나'가 정답이에요. 그걸 어떻게 하려고 하면 정말 답이 없어요. 뛰어다니는 것도 하나의 표현이니까요. 우리도 짜증이 나면 표출하고 싶잖아요. 단지 공공장소 같은 데서는 이성적으로 판단해서 화를 참거나, 다른 것을 하면서 스트레스를 해소하는 게 다를 뿐이죠. 형은 '화났다, 기분 안 좋다'는 걸 그 순간에 직접적으로 자유롭게 표현하는 거고요. 문제처럼 보일 수도 있지만, 맥락을 이해하는 게 중요하다고 생각해요.

저도 여러 방법을 써보기는 했죠. 처음에는 "형, 뭐 맛있는 거 먹으러 갈까?"라고 해봤는데, 당연히 잘 안 됐어요. 그러다가 "여기 사람들 보이지? 같이 있는 자리니까 조용히 해야 돼" 하고 설득하는 방법도 써봤는데 마찬가지였어요. 형은 일단 한 번 뛰고 소리를 질러야 마음이 진정되더라고요. 저도 형을 이해하는 과정이 필요했어요.

다른 사람들은 장애를 갖고 있는 분과 함께 시간을 보내본 경험이 없잖아요. 경험이 없으면 '저 사람은 이해할 수 없는 사람이야. 이해할 수 없는 행동이야'라고 쉽게 판단해버리죠. 하지만 시간을 같이 보내면 그 사람과 어울릴 수 있는 방법을 자연스럽게 알게 되고, 더 이해하고 소통하게 돼요. 장애, 비장애를 떠나서 사람과 사람이 관계를 맺을 땐 경험을 바탕으로 조금씩 나아가잖아요. 장애인하고도 그렇게 하면 돼요.

저는 형이랑 다른 지역에 살고 요즘엔 일을 하고 있는데, 잊어버릴 때쯤 형이 뜬금없이 전화를 해요. 전화해서 특별한 이야기는 안 하고 그냥 제 이름을 불러줘요. "오다." 이렇게 이름을 부르고는 끊어요. 근데 저는 그게 정말 좋아요. 저를 친구로 기억하고 이름 불러주는 거잖아요. 친구는 특별한 말을 주고받지 않아도 그냥 친구죠. 형하고 저는 그냥 친구예요.

믿을 수 있는 사람들

길동무 석류

집 밖의 혜정

저는 사부작청년 혜정의 활동지원사입니다. 혜정의 활동지원을
한 지는 2년 정도 되었어요. 혜정은 집에 있는 걸 좋아해서, 처음 만
났을 땐 하루 종일 자기 방에 있었어요. 그래서 혜정이 원한다면 함
께 자주 외출하고 싶었어요. 전에 성미산마을에서 청년 활동을 한 적
이 있어서 사부작의 존재를 알고 있었는데, 혜정과 갈 곳이 필요해서
사부작에 전화를 걸어 물어보니 활동가분이 반가운 목소리로 언제
든지 오라고 해주셨어요.

혜정한테 사부작에 가보겠냐고 물으니 흔쾌히 가겠다고 했어요.
혜정은 사부작을 이미 알고 있었어요. 혜정의 언니인 혜영이 2018년
에 둘의 이야기를 〈어른이 되면〉이라는 다큐멘터리로 만들었거든요.

성미산마을 단위들의 주최로 성미산마을극장에서 공동체상영회를 하는 날 혜영과 함께 성미산마을에 가본 적이 있더라고요. 요즘은 제가 출근하면 혜정이 먼저 성미산마을에 가자고 해요. 외출을 싫어하는 줄만 알았는데, 신기한 변화예요. 발달장애인이 환대받는 공간이 거의 없잖아요. 환대는 고사하고 자연스럽게 다른 사람과 어울려서 지낼 수 있는 곳도 별로 없어요. 사부작은 혜정을 기다려주고 환대해주고 함께해줍니다. 사부작이 있어서 다행이고 좋습니다.

사부작에 가면서 새로운 혜정을 알게 되었어요. 혜정이 세상과 어떻게 상호작용하며 살아가는지를 조금씩 보게 되었죠. 집에서는 방에서 잘 안 나오고, 밥을 같이 먹는 것도 싫어하고 방에 불 켜고 있는 것도 싫어해요. 방문 닫고 불 끄고 종일 혼자 있어요. 그게 나쁘다기보다 집에서는 제가 혜정을 알 수 있는 기회가 제한적이었는데 사부작에서 다른 사람과 어울리는 모습을 볼 수 있어서 좋아요. 사부작에 오면 저랑도 활발하게 이야기하거든요.

혜정이 정말 좋아하는 게 하나 있는데, 바로 커피예요. 정확히는 커피믹스죠. 커피믹스를 발견하면 곧장 돌진해서 입에 털어 넣곤 합니다. 커피를 많이 마시면 건강에 해로우니까 서로 이야기해서 하루에 먹을 양을 정했어요. 그런데 집이 아닌 장소에 방문했을 때 커피믹스가 있으면 말릴 틈도 없이 바로 입에 털어 넣어요. 사부작에 처음 갔을 때도 신발을 벗자마자 식탁 위에 있던 커피믹스를 하나 뜯어서 털어 넣었죠.

혜정이 성미산마을에 가고 싶다는 말이 사람들과 어울리고 싶다는 뜻인지, 그림을 그리고 싶어서인지, 아니면 그냥 커피를 털어 먹고 싶다는 건지는 잘 모르겠어요. 그래도 커피를 먹은 후에 훌라춤을 추러 가고, 식당이나 카페를 가기도 하고, 여러 가지 활동을 함께 해요. 긍정적인 변화라고 생각해요.

사부작에는 다양한 프로그램이 있어요. 활동가분들이 새로운 활동들을 기획하기 위해 고민을 많이 하고, 실제로 만들어내시더라고요. 혜정이 가장 먼저 한 활동은 '모던양파'라는 그림 모임이에요. 매주 금요일에 다른 청년들과 그림을 그렸어요. 그림 그리다가 졸리면 방에 가서 낮잠을 자기도 하고요. 집이 아니지만 집처럼 편하게 지낼 수 있는 공간이니까요.

전에는 "오늘 사부작에 가볼래?"해서 혜정이 좋다고 하면 가는 식이었는데, 이제 일주일에 한 번은 규칙적으로 사부작에서 그림 그리는 루틴이 생긴 거죠. 그다음에는 훌라춤 동아리에 초대되어서 목요일마다 훌라춤을 추러 가요. 같이 훌라춤을 해보겠냐고 물어봤더니 좋다고 하더라고요. 그렇게 일주일에 두 번 사부작에 꾸준히 오고 있어요.

서로 알아가기

처음에는 혜정의 말을 못 알아들었어요. 지금은 익숙해져서 잘 들려요. 단어들에 익숙해지니까 말이 훨씬 잘 들리더라고요. 우리는 언어의 의미를 가지고 의사소통하는 데 익숙한데, 활동지원을 하면서 작은 변화가 있었어요. 혜정이 "응", "아니"라고 대답할 때 그 말이 익숙하니까 자주 하는 건지, 아니면 정말로 긍정이나 부정의 의사를 표현하는 건지 확인하는 게 중요하다는 걸 알게 되었어요. 한 번만 물어보고 믿어버리기보다 다른 방식으로 질문해야 해요.

혜정하고 갈등 상황이 종종 일어나요. 혜정이 단 걸 되게 좋아해요. 아침에도 일어나면 캔커피를 마시는데 스위트 아메리카노라 당이 많이 포함돼 있거든요. 먹고 싶다고 하는 음식들이 주로 당이 많이 포함된 것들이에요. 건강이 염려돼서 적게 마시게 하고 싶죠. 그런데 생각해 보면 비장애인들도 건강에 안 좋은 것들을 하면서 살아가잖아요. 저도 오늘 벌써 커피가 두 잔째고 어떤 때는 세 잔, 네 잔을 마시기도 해요. 술 좋아하는 사람은 술 마시고 담배 좋아하는 사람은 담배 피우고 위험할 거 알지만 운전하면서 과속하기도 하는데, 혜정만 발달장애인이라는 이유로 건강에 안 좋으니까 커피 먹지 말리고 하는 게 맞나 싶기도 해요.

한번은 중국집에 갔어요. 사부작에서 이미 커피믹스를 하나 털어 먹은 상태였는데, 들어가자마자 정수기 위에 있는 커피믹스를 발견하고 바로 집어 들더라고요. 규칙이니까 지키자는 마음에 연두랑 저랑 말렸어요. 손님이 많이 있을 때였는데 혜정이 소리도 지르고 화내고 쿵쾅거리면서 돌아다녔어요. 저도 경황이 없었는데, 그래도 혜정을 물리력으로 막지 말자는 원칙이 있기 때문에 어떻게든 설득을 해보려고 했어요. 그때는 연두가 역할을 많이 해줬어요. 식당 손님들에게 연두가 설명을 하고, 그동안 저는 혜정과 이야기했어요.

아직도 그런 상황에서 어떻게 해야 잘하는 건지 모르겠어요. 그때는 종업원들도 이해해주셔서 설득할 수 있는 시간이 있었는데, 사실 제가 혜정한테 마지막으로 했던 말이 아직 마음속에 남아 있어요. "누나, 나도 이제 화낸다"라고 했거든요. 저도 사람이니까 사적인 관계라면 화를 낼 수 있죠. 하지만 이용자와 활동지원사 사이에 할 수 있는 말은 아니었던 것 같아요. 이런 고민이 있을 때 사부작 활동가분들과 이야기를 나누기도 해요. 활동지원사로서, 혜정 곁에 있는 사람으로서 갖는 고민을 나눌 수 있는 사람들이 있어서 좋아요.

활동이 노동이 되다

사부작 활동가분들이 프로그램을 생각해낼 때도 항상 혜정을 떠올려서 함께하겠냐고 물으세요. 저라면 절대 구상하지 못했을 프로그램들이죠. 그중에서도 두 가지 활동이 제일 기억에 남아요. 바로 케이크 배달과 옹호가게프로젝트죠.

얼마 전에 혜정과 같이 우리동물병원 생명사회적협동조합 '우리동생'에 케이크를 배달했어요. 혜정 본인이 쓴 편지와 케이크를 전달하고 축하 노래를 부르고 그 대가로 활동비를 받았어요. 그게 큰 의미로 다가오더라고요. 자본주의 관점에서는 재화를 생산해야 노동이라고 하는데, 혜정의 케이크 배달은 새로운 노동이잖아요. 발달장애인들이 할 수 있는 노동을 어떻게든 만들어내고, 당사자에게 해보겠냐고 먼저 물어보고, 실제로 노동을 하고 임금까지 받는 활동이 가치 있다고 느껴졌어요. 혜정도 기회가 될 때마다 참여해요.

옹호가게프로젝트는 발달장애인이 자유롭게 방문할 수 있는 가게를 많이 만들자는 취지에서 시작된 활동이에요. 성미산마을에는 옹호가게들이 꽤 많아요. 혜정이 사는 합정동에서도 옹호가게를 만들어보지 않겠냐고 제안해주셔서 옹호가게 방문교육단이라는 활동을 같이 했어요. 저는 혜정 곁에서 서류 작업이라든가 사진을 찍어서 보고서에 넣는 문서 작업 등 필요한 일들을 하고요.

가게 주인들과 이야기를 나누는 활동까지 혜정이 직접 하는 건 아니지만, 옹호가게 방문교육단에 발달장애인이 소속되어 있다는 사실이 교육 효과가 큰 것 같아요. 혜정은 방문교육단 활동을 하면서 임금을 받아요. 가게 주인들이 발달장애인을 만나고 세상에 이런 사람들도 같이 살고 있구나, 발달장애인이 왔을 때 다른 사람들과 동등하게 대우해야겠다는 의식을 가지게끔 교육하는 과정에 당사자가 포함되어 있다는 게 굉장히 중요하다고 생각합니다.

처음엔 단순하게 성미산마을을 한번 같이 가서 사부작과 인연이 되었지만, 활동가들과 당사자분들과의 상호작용을 통해서 점점 활동 반경도 넓어지고 관계도 다양해지고 있어요. 해가 지날수록 더 많은 활동을 할 수 있으리라 기대해요.

같이 사는 삶

사부작 활동가 꽃다지가 옹호가게 방문교육단 활동가 교육을 해요. 꽃다지는 옹호가게프로젝트의 궁극적인 목표는 옹호가게가 사라지는 것이라고 했어요. 세상의 모든 가게가 옹호가게가 되면 옹호가게를 선정할 필요가 없으니까요. 장애인이 함께 살아가는 게 당연한 세상에서는 옹호가게 스티커를 붙일 필요가 없죠. 사부작에 자주 다니면서 장애인에게 중요하고 꼭 필요한 일을 하는 이런 공간이 많아지면 좋겠다고 생각했어요. 개인들의 돈이 들어가는 게 아니라 사회 서비스 안에서 잘 운영할 수 있는 방법이 필요하다는 생각도 했고요.

성인 발달장애인에게 필요한 건 같이 사는 삶이에요. 여가, 놀이, 생활이 필요하지 치료가 필요한 게 아니에요. 발달장애인을 대상으로 하는 서비스 중 상당수가 치료나 교정에 초점을 두고 있는 것 같더라고요. 반면 사부작은 발달장애청년이 자신의 모습 그대로 자유롭게 있을 수 있는 공간이죠. 사부작 같은 공간을 혜정이 사는 동네에서 운영할 수 있지 않을까 상상해봤어요. 사부작의 꿈은 모든 동네에 사부작이 하나씩 생기는 거잖아요. 혜정이 합정동에 사니까 합정동 사부작을 혜정과 함께 만들어보는 거죠.

발달장애청년들이 하고 싶어 하는 일은 다 달라요. 당연하죠. 비장애인 스무 명 모아놓으면 제각각 하고 싶은 일이 다를 걸요. 그런데 장애인 프로그램은 단일하게 운영하는 경우가 많아요. 왜 장애인은 다 동일해야 한다고 생각하는지 답답할 따름이죠. 사부작 활동가들은 개인에게 맞춰서 그림 그리고 싶어 하는 청년들을 위해 '모던 양파'를 만들고, 춤을 좋아하는 청년들을 위해서는 '선샤인아놀드홀라'를 만들어요. 그림을 그리거나 춤을 추다가 졸리면 잘 수 있는 공간도 있어요. 동네마다 이런 공간이 생겨서 자유롭게 방문할 수 있으면 얼마나 좋을까요.

발달장애인이 주간활동서비스를 이용하려면 한 곳의 제공기관만 가게 되어 있어요. A라는 기관에 가겠다고 선택하면 B기관은 못 가요. 장애인 당사자가 월요일은 A기관에 가고 화요일은 B기관에 갈 수가 없는 거죠. 말이 안 된다고 생각해요. 어떻게 늘 똑같은 곳에서 똑같은 사람들만 만나면서 똑같은 활동을 해요? 그건 시설이죠. 월요일은 사부작에 와서 그림 그리고, 화요일은 다른 곳에 가서 춤추고, 수요일은 딴 데 가서 노래도 부를 수 있어야죠.

연두가 집에 초대해준 적이 있는데, "보는 눈이 많아져야 된다"라는 말을 했어요. 발달장애인의 탈시설이 이루어지기 위해서는 발달장애인이 지역사회에서 안전하게 살아갈 수 있어야 하고, 지역사회에서 안전하게 살아가려면 보는 눈이 많아져야 한다는 의미죠. 발달장애인의 탈시설을 지향할 땐 구체적인 상이 필요하다고 생각해요. 장애인이 안전하게 살아갈 수 있는, 장애인을 환대하고 옹호하는 사람들이 같이 사는 마을이 필요해요. 마을 사람들이 혜정의 친구이거나, 혜정이 자주 가는 가게의 주인이거나, 혜정을 사랑하고 아끼는 사람들이라면 걱정이 많이 사라지지 않을까요?

그런 점에서 사부작의 활동은 큰 의미를 지녀요. 사부작 같은 공간이 있는 곳, 옹호가게가 있는 곳, 친구들이 있는 곳이라면 탈시설 이후에 장애인들이 안전하게 살 수 있을 테니까요.

믿을 수 있는 사람들

혜정이 사부작 활동가와 함께 프로그램을 하는 동안 저는 따로 나와 있어요. 프로그램을 저 없이 하고 싶어 하거든요. 제가 "안 된다"는 말을 제일 많이 하는 사람이다 보니 밖에 나오면 따로 있고 싶은 거예요. 그래서 저한테 "나가 있어, 방에 들어가 있어, 저기 카페 가 있어"라는 말을 많이 하죠.

사실 처음엔 불안했어요. 사부작 활동가들을 완전히 신뢰하지도 못했고요. 활동지원하는 시간에 혜정과 떨어져 있으면 안 된다는 생각에 혜정의 요구를 잘 들어주지 못했어요. 행여 무슨 일이 생길까 봐 걱정도 되었고요. 이젠 활동가분들이 혜정에게 애정을 가지고 신경 써주는 사람들이라는 걸 알아요. 소피아, 꽃다지, 연두를 믿고 의지하게 됐어요.

성미산마을은 혜정에게 안전한 동네 같아요. 그래서 요즘은 혜정과 팔짱 끼고 걷는 대신 따로 걷는 걸 시도해보고 있어요. 팔짱을 끼면 혜정이 주변을 안 보고 걷거든요. "이제 길 알잖아. 누나가 혼자 가봐" 이야기하죠. 언젠가 이 길을 혜정이 혼자 다닐 수 있게 되면 좋겠다, 사부작이 있는 이 골목길을 중심으로 다른 골목들을 알아나

가면 혜정의 세상이 더 넓어질 수 있지 않을까 상상하면서요. 교차로

가 나오면 고민하다가 틀리게 갈 때도 있어요. 그래도 괜찮아요. 길

은 다시 찾으면 되니까요.

다정한 이웃

길동무 메리

서로의 집에 마실 보내는 사이

저는 북디자이너로 일하고 있어요. 작업실이 홍대 근처라 성미산 마을에 살게 되었죠. 사부작 창립 멤버인 다래하고 친분이 있는데, 다래 아들 익스가 아기 때부터 제 딸 지율이랑 같이 컸어요. 다래가 마을 주민들과 발달장애청년을 위한 공간을 만든다는 소식을 듣고 반가웠어요. 장애인에 대한 인식이 좋아졌다고는 하지만 아직까지 다르게 보는 시선이 있잖아요.

저는 마을에 살면서 장애 당사자 어린이나 청년을 주민으로 만났어요. 장애인분들과 가족들이 일상에서 겪는 어려움을 곁에서 지켜볼 수 있었죠. 그래서 '중증발달장애인 청년들이 사회에 나왔을 때 기반이 되어주자'라는 사부작의 취지가 너무 좋았어요. 제가 큰 도움은 못 되어도 같은 마음으로 함께하는 사람이 있다는 걸 활동가분들과 청년들에게 알려주고 싶었어요. 창립 멤버들도 아는 분들이거나 마을 분들이라 자연스럽게 함께하게 되었어요.

저도 아이를 키우다 보니 시간 여유가 많진 않아서 소소하게 손을 보탰어요. 디자인은 제가 할 수 있는 일이라 책을 만든다거나 캐릭터가 필요할 때 도왔어요. 할 수 있는 일이었기 때문에 한 거예요.

발달장애인은 경험의 기회가 비장애인과 동일하게 주어지지 않잖아요. 사부작청년인 차니도 매일 사회적인 경험을 하면서 조금씩 변화했대요. 사부작에서 모퉁이 하나만 돌면 저희 집인데, 한번은 집 앞에서 소피아를 만났어요. 차니가 저희 집이 궁금했었나 봐요. 곧바로 직진해서 저희 집에 들어가더라고요. 지율이는 집에 누가 오니까 좋아 가지고 차니한테 인사하느라 바쁜데, 차니는 자기 궁금증이 풀렸는지 그냥 나가더라고요. 마치 지율이 친구가 잠깐 들어왔다가 나간 것 같았죠. 이런 상황이 저희에게는 물 흐르듯 자연스러운 일상이에요.

성미산학교 학생들은 서로의 집에 마실을 잘 가요. 친구네 집에서 놀다가 자고 오는 일도 흔하죠. 지율이는 남녀노소 구별하지 않고 잘 놀고 마실도 잘 가는 아이예요. 성미산학교는 통합학교라 지율이 반에도 장애가 있는 친구들이 있는데, 그 학생들은 편하게 마실을 가지 못하더라고요.

성미산학교에 진솔이(가명)라고 지율이보다 한 살 많은 친구가 있는데 자폐스펙트럼 장애가 있어요. 제 아이는 진솔이 집에 마실 간 적이 있는데 진솔이는 저희 집에 마실 온 적이 없었어요. 진솔이 엄마 아빠는 진솔이를 마실 보내기보다 아이들을 초대하더라고요. 그래서 제가 진솔이를 저희 집에 마실 보내라고 했어요. 처음엔 진솔이 부모님도 저도 걱정을 했죠. 저도 우리 아이를 마실 보낼 때 그 집에서 실수하지 않을까 걱정하니까요. 집이 코앞이니 무슨 일 생기면 바로 연락하면 되겠지 생각했어요. 저는 익스와 오랜 시간 같이 지내서 진솔이와 함께 지내는 일을 어렵다고 생각하지 않았어요.

익스나 진솔이처럼 발달장애가 있으면 마실 가는 걸 힘들어 할 수 있어요. 낯선 환경에서는 아이들이 더 긴장하니까요. 그럴 때일수록 새로운 자극을 주는 연습이 도움이 된다고 하더라고요. 진솔이 엄마 아빠한테 둘이 오랜만에 좋은 시간 보내라고 하고 진솔이를 데리고 왔는데, 저희 집에 와서도 크게 낯설어하지 않았어요. 지율이랑 둘이 잘 놀고요. 부모들이 괜한 걱정을 먼저 하고 있었던 거예요.

친구랑 놀다가 마음에 안 들면 다투기도 하고 삐치기도 하죠. 그럴 땐 그냥 기다려주면 돼요. 혹시 위험한 장난을 하면 저는 똑같이 혼냈어요. 장애가 있는 아이들도 사회생활을 하기 때문에, 집에서처럼 크게 고집을 부리지 않아요. 발달장애 아이들은 특정한 행동을 보일 때가 있는데 진솔이도 그런 게 있어요. 문에 꽂히면 계속 열었다 닫았다 하거든요. "딱 30번만 하고 그만 하는 거야" 하고 약속하면 꼭 지켜요. 지율이도 진솔이와는 어떻게 놀아야 하는지 점점 잘 알게 되고요. 서로 소통이 되니까 더 잘 이해하고 편한 사이가 되었어요.

사부작 후원회장

사부작 창립식(출동식) 날이 기억나요. 그때는 공간이 없어서 망고 비어라는 마을 가게에서 조촐하게 했어요. 활동가들과 함께 마을에 사는 발달장애청년들을 초대해서 이야기를 나누었어요. 분위기가 무척 화기애애했어요. 마을에서 하고 싶은 일에 대해 청년들의 이야기를 듣고, 서로 응원하고 다독이는 시간이었어요. 저는 테이블 세팅하고 떡 접시 놔드리는 정도를 했어요.

몇 년 전에 사부작뮤직에 관한 책을 출간하신다고 해서 제가 디자인을 하겠다고 했어요. 책 작업을 재밌게 했어요. 그러면서 사부작 후원회원으로 가입하게 됐어요. 사부작이 작은 단체고 많이 알려지지도 않아서 아직 후원회원이 많지 않았거든요. 제 주변 사람들에게도 알리면 좋겠다 싶어서 지인 만날 때 리플렛을 갖고 다니면서 전했어요. 혹시 후원할 단체를 찾는다면 다른 데 말고 여기다 후원해달라고 권했어요.

저는 내성적인 사람이라 부탁하는 말을 잘 못해요. 그런데 사부작을 후원해달라는 말은 자신 있게 나와요. 사부작이 좋은 곳이고 꼭 필요한 단체라는 확신이 있어서 그런가 봐요. 성미산마을에는 후원자가 필요한 단체가 많지만, 사부작에 특히 마음이 가요. 처음에는 다래가 있는 곳이라 그랬어요. 다래 아들 익스는 제 아이 같거든요.

사부작이 마을에 잘 자리 잡으면 익스가 살아갈 세상이 좀 나아지리란 생각을 했어요.

초등학교 다닐 때 저희 반에 자폐스펙트럼 장애가 있는 친구가 있었어요. 그애는 항상 혼자 다녔어요. 어렸을 때 그게 마음이 쓰였었나 봐요. 그애랑 같이 다니고 같이 놀았던 기억이 있어요. 중학교 때도, 고등학교 때도 장애 친구가 있었어요. 나이가 들면서 그 친구들 생각이 문득문득 나곤 했어요. 사부작을 볼 때마다 그분들이 갈 수 있는 공간이 있구나 하는 안도감이 들었죠. 공간은 넓지 않아도 누구라도 갈 수 있게 언제든 열려 있거든요. 그 공간이 저는 너무 아름다워 보여요. 지나가다 사부작 사무실을 들여다보는 게 습관이 됐어요. 사부작이 발달장애청년이나 장애인분들이 스쳐 지나가는 곳이 아니라 편하게 들락날락할 수 있는 사랑방이 되었으면 좋겠어요.

청년과 마을을 연결하는 다리

사부작 사무실에는 항상 사람들이 있어요. 성미산학교에서 수업을 마치고 지나가는 학생이나, 사부작청년들의 친구인 졸업생들이나, 활동가분들이랑 친한 마을 주민들이 편하게 들러요. 저도 지나다 늘 창문을 들여다봐요. 그것만으로도 사부작청년들에게 좋은 자극이 될 거라고 생각해요. 사부작의 공간과 사람이 청년들과 마을을 연결해주는 다리 같아요.

제가 어릴 때 동네에 다운증후군인 분이 살았어요. 동네에는 그분

말고도 다른 장애인분들이 있었을 테지만 대부분 집에만 계셨겠죠. 그때 우리나라는 지금보다 훨씬 폐쇄적이었잖아요. 성미산마을을 선택한 이유 중 하나가 그런 선입견이 없을 거라고 생각해서였어요. 장애이해교육을 따로 할 필요가 있나요? 함께 살면 자연스레 알게 되는 것들이 있잖아요. 함께 존재하는 것만으로도 교육이 필요 없어요.

성미산마을에서 자주 만나는 주민 중에 피아노가 있어요. 중증발달장애가 있는 청년이죠. 어느 날엔가 거리에서 피아노와 달님을 만나 반갑게 인사를 하는데 제 딸이 갑자기 피아노에게 물었어요.

"피아노는 왜 이렇게 생겼어?"

딸아이의 질문을 듣고 너무 놀랐어요. 피아노에게도, 곁에 있던 피아노 엄마 달님에게도 죄송했어요. 딸이 어릴 때는 몰랐다가 자라면서 피아노의 얼굴이 다른 사람과 다르다는 생각을 했나 봐요. 그 상황이 민망했어요. 달님은 당황하지 않고 미소를 지으면서 잘 설명을 해주셨어요.

"피아노는 태어날 때부터 너와 조금 다르게 태어났단다. 이렇게 생긴 사람도 있지."

달님에게 감사했어요. 이렇게 일상생활에서 나와 다른 사람에 대한 이해를 자연스레 높여가는 게 정말 중요하잖아요. 저희도 한부모 가정이다 보니 아이들끼리 이야기하다가 지율이가 혹시 상처를 받진 않을까 하는 염려가 있거든요. 그런 순간이 오면 달님처럼 자연스럽게 설명을 해주려고요.

집에 와서 제가 아이에게 물었어요.

"지율아, 아까 피아노 만났을 때 왜 그게 궁금했어?"

"그전에는 몰랐는데 갑자기 궁금했어. 물어보면 안 되는 거야?"

"사람 생김새는 여러 가지란다. 우리도 그렇잖아. 너랑 엄마도 생김새가 다르잖아."

처음에는 아이에게 그런 질문은 무례한 거라고 이야기하려 했어요. 그런데 달님의 답을 듣고 집에 와서 아이와 이야기를 하다 보니 무조건 혼을 낼 일이 아니라는 생각이 들더라고요. 지율이와 그런 대화를 더 자주 하려고 해요. 요즘은 커서 그런지 조금 더 이해를 하는 것 같아요. 마을에서 살면서 만나는 분들 덕분에 편견을 덜어낼 수 있어요.

다른 동네에서는 장애 당사자와 직접 관계를 맺기 어렵잖아요. '저기 장애인 지나가네' 하고 지나치는 게 보통이죠. 하지만 성미산 마을에서는 그분들을 이웃으로 만나서 관계를 맺는 게 그리 어려운 일이 아니에요. 이웃으로 사는 경험이 소중하다고 생각해요.

길고 단단한 연결고리

저도 마을에서 보살핌을 많이 받아요. 혼자 일을 하고 혼자 육아를 하니까 체력적으로 힘들 때가 많거든요. 제가 아프거나 지율이가 아플 때도 있고요. 마감을 해야 하는데 애를 데리러 가야 할 땐 발을 동동 구르죠. 그럴 땐 누가 먼저랄 것도 없이 "마감이지? 지율이 우리 집에 보내" 하고 말해줘요. 어린이집 다닐 때부터 도움을 많이 받았어요.

성미산학교에 다니는 지금도 마찬가지예요. 어린이집에서 같이 진학한 아이들이 많다 보니까 엄마 아빠들이 제 사정을 잘 알잖아요. 지율이랑 제가 둘이 코로나에 걸려서 집에 있을 땐 현관 문고리에 "이거 먹고 잘 버텨"라는 쪽지와 함께 빵, 삼계탕, 도라지배즙, 카레, 라타투이, 된장국, 미역국이 통에 담겨 걸려 있었어요.

저도 부족하지만 주변 분들께 다정한 이웃이 되고 싶어요. 오며 가며 계속 안부를 묻고 인사해요. 가끔 만나는 이웃에게도 반갑게 인사하고요. 이렇게 하루하루를 살아가면서 하나씩 만들어진 연결고리가 이어지면 더 길고 단단해지지 않을까요. 시작은 작아도 커다란 변화를 이룰 수 있어요.

제 주변에 사부작을 모르던 사람들이 그 존재를 알기만 해도 이미 큰 변화라고 생각해요. 사부작이 지금보다 더 활발하고 탄탄한 커뮤니티로 자리 잡길 바라요. 이미 사부작을 사랑하는 사람들이 곁에 많이 있으니 곧 그렇게 되리라고 믿어요.

함께 춤추는 사이

길동무 뗑

각자의 속도대로 일하기

저는 성미산학교 졸업생이고 지금은 마을에서 일하고 있습니다. 졸업 학년이 되면서 소속이 없어진다는 불안감 때문에 파주에 있는 대학에 들어갔는데, 3학년 때 휴학하고 다시 마을로 돌아왔어요. 성미산학교를 다니면서 이 동네에 살던 때에는 답답했기 때문에 졸업하면 이제 자유의 몸이라고 생각했는데, 막상 다른 곳에 살다 오니까 마을이 안전하다고 느껴졌어요. 내가 무엇을 해도 이해받을 수 있는 사람들이 있다는 생각이 들었죠.

성미산학교 고등과정에 다닐 때 중증발달장애인 청년이 일하는 더치커피 공방인 좋은날협동조합에서 일을 했어요. 장애 청년 옆에서 보조하는 일을 했는데 청년에게 필요한 걸 살피는 역할이었죠. 제

195

가 앞서서 준비하거나 무언가를 더 해야 하는 건 아니었어요. 청년들이 뭘 좋아하고 싫어하는지 파악하고 기억하면서 일했어요. 어떤 친구는 지저분한 걸 싫어하고 깔끔하게 유지하는 걸 좋아하고, 어떤 청년은 스킨십 하는 걸 좋아해서 손을 잡고 일을 하고, 가끔 옷 입는 게 어려운 청년 옷 입는 걸 돕기도 하고요.

그 전에는 장애인과 일대일로 관계 맺는 법을 몰랐어요. 학교에 통합대상 친구가 있었지만 별로 가깝게 지내지 못했거든요. 장애 당사자와 만나려면 특별한 기술이 필요하다고 생각했던 것 같아요. 하지만 그게 아니었죠. 그냥 새로운 친구 사귀는 것처럼 하면 된다는 걸 알았어요. 그 사람이 좋아하는 것과 싫어하는 게 무엇인지 신경 쓰는 건 사람 사이에서 항상 하는 일이니까요. 좋은날협동조합에서 일할 때는 웃을 일이 많았어요. 사소한 일이 모두 즐거웠어요. 우리는 매일 간식 먹는 시간을 엄청 기다렸거든요. 간식 시간 되면 다들 들떠서 서로 포크 갖다놓고 그랬어요. "오늘은 수박이 간식이네. 이걸 손에 잡고 먹기 편하게 잘라볼까?" 이런 소소한 이야기를 자주 나눴어요.

다른 곳에서 아르바이트를 하면 최대한 효율적으로 빠르고 정확하게 일하는 게 중요하잖아요. 좋은날협동조합에서는 서로의 컨디션을 확인하면서 쉬는 시간을 제대로 챙기면서 일하는 게 중요했어요. 저는 좀 느긋한 성격이라 일할 때 잔소리를 듣는 편이거든요. 그래서 익숙하지 않은 일을 하다 보면 마음이 힘들어질 때가 있어요. 좋은날협동조합에서는 그런 적이 없었어요. 청년들과 함께 하는 일이 답답하지 않았고, 각자의 속도대로 할 수 있으니까 오히려 편했어요.

모두가 함께하는 축제

성미산마을에서는 청년 축제를 해요. 저는 처음에 스태프로 참여하다가 주도적으로 진행을 맡게 되었어요. 지금까지 4회 진행했어요. 2019년 1회 청년 축제는 '비밀 교환 파티'라고 이름 지었어요. 자신의 정체성이나, 중요하지만 쉽게 드러내지 못한 것들을 꺼내놓을수 있게요. 2회랑 3회는 온라인으로 진행해서 방에서 보내는 바캉스란 뜻으로 '방캉스'라고 지었고, 4회는 오프라인으로 진행을 했는데 특별한 콘셉트 없이 노래 부스, 플리마켓 부스, 이벤트 참여 부스, 사진 부스를 만들었어요. 1회부터 함께해서 그런지 모르겠지만 애정이 생겨서 10년은 하고 싶다는 꿈이 있어요.

성미산마을에 청년은 많지 않아요. 마을에서 횡단보도만 건너면 망원동인데 거기는 다 청년들이죠. 망원동 가까이에 저렴하게 차도 마시고 편하게 쉴 수 있는 공간이 꽤 있는데 성미산마을 안에는 별로 없어요. 그래서 다른 지역 청년들도 아우르는 청년 축제를 하고 싶었어요. 다양한 청년들이 있잖아요. 1인 가구 청년이나 퀴어 청년, 장애 청년, 노동자 청년 등등 모든 청년들을 아우르고 싶었어요. 누구도 소외되지 않는 '배리어 프리' 축제를 만들고 싶은데, 환경과 인권을 비롯해 범위가 너무 넓어서 쉽지가 않았어요. 그래도 할 수 있는 범위 내에서 최선을 다하자고 생각했어요.

1회 청년 축제에 스태프로 참여할 때부터 특정 청년들을 배제하는 축제가 되지 않았으면 좋겠다는 생각이 있었어요. 언어치료와 AAC(보완대체의사소통) 전문 센터인 '사람과소통'의 도움을 받아서 언어로 소통하기 어려운 분들을 위해 AAC 카드를 배치했어요. 2021년 3회 때는 처음부터 사부작청년들과 함께 준비하면 좋겠다 싶어서 마카롱과 기획단을 꾸렸어요. 청년 축제에 사부작청년들이 같이하는 건 큰 의미가 있어요.

원래 청년 축제는 성미산마을회관에서 진행하는데, 코로나 때문에 2021년에는 온라인으로 진행했어요. 온라인으로 해도 많은 분들이 효과적으로 축제를 즐길 수 있도록 메타버스를 활용했어요. 발표를 PPT로 만들어서 볼 수 있게 준비했고, 사부작의 그림 동아리 모던양파 친구들 작품을 온라인 전시도 했어요. 아쉬움이 많기는 했어요. 시도는 좋았지만 아무리 설명을 해도 문턱이 생기더라고요. 홍보도 부족했고요. 진행과정도 매끄럽지 못한 부분이 조금 있었어요.

2022년에는 오프라인으로 진행해서 부스를 여러 개 운영했어요. 마카롱이 캐리커처를 그려줬는데 정말 인기가 많았어요. 정찬 씨가 구워서 무인으로 판매한 쿠키도 금방 다 팔렸어요. 사부작청년들이 잘하는 것을 함께 하는 것도 괜찮다는 생각이 들어요.

마을의 다양성을 만드는 사부작

저는 춤추고 노는 걸 좋아해서 클럽도 자주 가요. 그러다가 사부작이 마을에서 '버블버블텍'을 한다는 소식을 들었어요. 마을에서 춤을 춘다니 꼭 가고 싶었어요. 역시나 버블버블텍에서 너무 재밌게 놀았어요. 홍대 클럽은 각자 노는 느낌이라면 버블버블텍은 서로 잘 몰라도 같이 춤추고, 친해져서 다음 달에 또 보자고 인사하기도 해요. 장애 당사자가 아니어도 정말 재밌어요. 저에게는 즐거운 이벤트 중 하나라, 모든 회차를 참여하지는 못했지만 특별한 일이 없으면 꼭 갔어요. 그러다 버블버블텍 기획단에 들어가서 진행도 하게 되었죠. 노래 리스트 짜고 트는 역할이었어요. 포스터를 만들고 홍보하는 일도 하고요.

성미산학교를 졸업한 청년이 마을에 남아서 일을 찾는 건 쉬운 선택은 아니에요. 사부작청년들도 졸업 후 마을에 남아 있는 거고, 저도 밖에 나갔다가 다시 마을에 들어왔잖아요. 언뜻 생각하기엔 사부작 주변 사람들이 사부작에 먼저 손을 내밀 것 같지만, 마을 청년인 저에게 사부작이 먼저 손을 내밀어주셨어요. 사부작은 장애 청년 당사자들만이 아니라 저 같은 마을 청년도 항상 환영해줬어요. 행사 진행이나 포스터 만드는 일도 함께 하자고 해주시고요.

초등학교 1학년 때부터 이 동네에 살아서 사부작청년들이 대부분 성미산학교 선배님들이고 다 아는 사람이에요. 저는 사부작의 분위기가 참 좋아요. 사부작은 발달장애인 플랫폼이라는 목적이 있는 공간이지만, 저에게는 오순도순 이야기하며 어울리는 곳이에요. 친구 집 가듯이 놀러 가서 먹을 게 있으면 나눠 먹고, 지나다니면서 안부를 묻고요. 사부작 문이 닫혀 있으면 무슨 일인지 궁금해져요.

사부작은 소피아, 연두, 꽃다지처럼 이곳을 유지하기 위해 애쓰는 분들의 힘으로 꾸려지고 있어요. 성미산마을에 있기 때문에 잘 운영되는 게 아니라, 활동가들의 힘 덕분에 잘 운영되고 있는 거죠. 성미산마을의 다양성은 사부작 덕분에 마련된다고 생각해요. 그 다양성이 사람 살기 좋은 곳을 만들고요. 사부작이 이대로 오랫동안 있으면 좋겠어요. 지금처럼 있어주는 것만으로도 너무 좋을 것 같아요. 지나가다가 문 열려 있으면 편하게 들어갈 수 있는 곳이니까요. 사부작이 오래 함께할 수 있도록 이곳에 계시는 분들도 지치지 않고 즐겁게 일할 수 있었으면 좋겠어요.

길동무연결

발달장애청년들과 이웃들이 일상의 다양한 활동을 함께 하도록 기획
하고 연결한다. 사부작청년들과 관계 짓는 이웃, 동료, 단체를 길동무
라 부른다.

옹호가게프로젝트

발달장애인이 편히 이용할 수 있는 가게를 만들어가는 프로젝트. 발
달장애인을 환대하는 사람들로 둘러싸인 환경을 만들고자 기획했다.

사부작뮤직

발달장애인의 말을 시로, 시를 노래로 만드는 프로젝트. 노래는 공연,
워크숍 등 다양한 활동과 관계의 확장으로 이어진다.

버블버블텍

성미산마을극장은 한 달에 한 번 발달장애인의 댄스클럽으로 탈바꿈
한다. 발달장애인의 문화의 장이자 교류의 장인 버블버블텍은 경계
없이 자유를 원하는 모두의 공간으로 진화 중이다.

발달장애와 마을포럼

지역에서 발달장애인의 삶을 고민하는 공동체 혹은 단체들을 초대하
여 활동을 공유하고 문제의식을 공론화하며 대안을 찾아가는 자리이
다. 2021년부터 연 1회 '교육', '노동' 등 주제별로 진행해오고 있다.

4장

사부작의 활동

— 마을에서 사부작사부작 —

길동무연결

길동무와 함께하는 동아리

사부작 활동 중에 가장 중요한 것을 꼽으라면 단연 길동무연결이랍니다. 길동무는 마을의 발달장애청년들과 만나는 이웃, 동료, 친구혹은 단체를 부르는 말입니다. 사부작은 발달장애청년들과 관심사나활동 영역이 비슷한 이웃에게 길동무를 안내하고 제안합니다. 때론관심 있는 이웃이 이런저런 활동을 같이 해보고 싶다며 먼저 제안해오기도 해요. 길동무와 청년들은 요리, 그림, 춤 등의 다양한 주제로모임을 꾸리고 만나고 있습니다.

발달장애청년들은 학교를 졸업하면 마을에서 만나기가 힘들었습니다. 그래서 청년들을 불러 모아 '사부작청년모임'을 시작했어요.처음엔 사부작 공간이 따로 없어서 망고비어라는 가게에서 만났어요. 사부작청년모임은 시간이 흐르면서 사부작 활동가들이 빠지고비장애 형제 호찬과 그의 친구 요다, 미찌가 합류해 '오랜만에'라는 이름으로 지금까지 이어져오고 있습니다. 장애, 비장애 청년들이 매달 만나 서로 안부를 묻고 밥도 먹고 노는 거죠.

본격적으로 길동무연결 활동이 시작된 건 2018년 사부작 공간이 생기면서부터예요. 그동안 활동가나 사부작청년들과 알고 지내던 주민들이 사부작 공간에 들르곤 했는데, 그중 항아리와 샨티가 청년들의 길동무가 되길 자청하셨어요. 청년들의 첫 길동무였죠.

항아리는 성미산학교 미니샵 시절부터 사부작청년들과 인연이 있던 분이에요. 사부작에 '생활발효' 모임을 제안해서 청년들과 고추장을 만들어 밥을 싹싹 비벼 먹거나 두부를 만들어 먹기도 했어요. 마침 지나던 이웃들이 뭐하나 궁금해 기웃거리면 불러 같이 먹기도 하고요. 항아리는 자신이 길동무 1호라며 자랑스러워하셨어요. 이후 전라북도 장수에 자리 잡고 언제든 와서 쉬라며 사부작청년들을 맞을 준비를 하고 계신답니다. 꼭 한번 가봐야죠.

샨티는 성미산학교 학생들과 마을 어르신들 요가를 지도했던 마을 주민이에요. 사부작청년들과 '샨티요가'를 진행했는데, 코로나 시절에는 성미산 삼단공원에서 요가를 계속했어요. 지켜보던 동네 어르신이나 놀러 나온 어린이집 아이가 슬그머니 뒤에서 동작을 따라 하곤 했답니다.

사부작청년들은 노래하고 춤추기를 좋아합니다. 사부작 활동가들이 마을 청년 유예에게 '합창' 길동무를 제안했어요. 청년들과 유예는 매주 사부작에서 만나 맘껏 소리치며 노래하고 신이 나면 몸을 흔들어대며 놀았어요. 시간이 지날수록 앉아 있는 시간보다 춤추는 시간이 더 많아졌지요.

마카롱의 학교 동창 지원은 그림 그리기 좋아하는 사부작청년들의 모임인 '모던양파'에서 길동무로 함께하고 있어요. 활동을 통해 그린 작품을 마을 이곳저곳에서 전시하기도 한답니다.

길동무연결은 중단되거나 새로 시작되기도 하는데, '모던양파'와 '오랜만에'는 4~5년째 활동하고 있는 장수 동아리입니다. 옥상 상자 텃밭 모임인 '우후죽순', '책 읽기 모임', 요리 동아리 '먹고보자' 등은 이런저런 사정으로 진행하다 멈춘 모임들이고요. 2022년부터 시작한 '선샤인아놀드홀라' 동아리가 요즘 왕성하게 활동하고 있어요. 일주일에 한 번 길동무 가지에게 훌라춤을 배우고 연습하는데 청년들과 활동지원사, 활동가들은 물론이고 마을 주민 아난도도 합류해 함께 춤춥니다. 여기저기서 공연과 워크숍 요청이 들어오면 우르르 소풍처럼 신이 나서 몰려다녀요. 사부작청년들은 다른 지역에 가서 그곳 사람들을 만나 함께 훌라를 추며 알로하를 나눈답니다. 최근에 이웃 청년 까요와 함께하는 '까~요가'라는 요가 모임을 시작했어요. 마을 풍물패인 '살판'에서 활동하는 비장애 청년들과 한 달에 한 번 밥 먹는 '살고보자' 모임도 만들어졌고요. '살고보자'는 전에 우야와 했던 '먹고보자' 모임의 시즌 2라고 할 수 있어요. 사부작청년들은 길동무들과 마을 여기저기에서 다양한 활동으로 만나고 있습니다.

길동무연결과 마을 활동

길동무연결은 지역의 모임이나 단체와 협력하여 다양한 프로젝트에 참여하고, 새로운 마을 활동을 만들어내기도 합니다. '마포돌봄네트워크'는 마포 지역에서 돌봄 관련 활동을 하는 단체와 기관의 연합체입니다. 마포돌봄네트워크에서 사부작청년들과 함께할 수 있는 활동을 고민하다가 청년들이 네트워크 소속 단체의 기념일에 케이크를 배달해주면 좋겠다는 의견이 나왔어요. 단체의 특별한 날에 사부작청년들에게 '축하'를 신청하면, 사부작청년들이 직접 만든 축하 카드와 케이크를 들고 그 단체로 찾아가요. 청년들은 축하 노래를 부르고 냅다 춤을 추거나, 핸드폰에 저장된 자기 그림을 자랑하는 등 각자의 방식으로 한바탕 축하를 해주고 온답니다. 그럼 마포돌봄네트워크는 축하사절단 청년에게 소정의 활동비를 지급해요.

또 종이팩을 수거하는 '화목일프로젝트' 주민 모임에 사부작청년들도 참여해요. 사부작청년들이 마을의 카페나 베이커리를 다니면서 종이팩을 수거하고요. 수거한 종이팩을 주민센터에서 가져가서 휴지로 교환해요. 받은 휴지는 '마포희망나눔'이라는 지역의 돌봄 단체를 통해 홀로 사시는 어르신들에게 전해 드려요. 청년들은 가게로, 주민센터로, 마포희망나눔으로 다니며 새로운 관계를 맺게 되었지요.

사부작청년들의 공연은 지역과 연결되는 중요한 활동입니다. 지역 단체들의 행사는 물론이고 성미산마을축제와 성미산마을운동회에서 사부작청년들의 '운동' 공연이나 훌라댄스 공연으로 마을 주민들이 대동단결하니까요. 사부작은 지역 이슈에도 청년들과 같이 참여해요. 세월호 9주기 때도 청년들이 노랑나비를 들고 주민들과 함께 망원역 거리에서 선전전에 참여했답니다.

관계의 확장

길동무연결은 내용이 다양해진 만큼 활동 공간과 관계망이 확장되고 있어요. 마을에서 하던 모던양파 전시를 옆 마을에 가서도 하고요. 선샤인아놀드홀라는 올해 대학로, 시흥, 의왕에서 공연과 워크숍을 열었어요. 홍성 워크숍을 앞두고 있어 더 멀리 가서 더 많은 사람을 만날 예정입니다. 2022년 노드 트리와 연결하여 진행한 '미디어 오페라' 프로젝트는 2023년에는 내용과 규모가 더 확장되었어요. '메마른 땅 위의 동물왕국'이라는 제목으로 '극단 수다' 팀과 사부작청년들, 노드 트리 예술가들이 새로운 무대를 준비해서 성미산마을극장과 국립부여박물관 사비마루에서 공연을 한답니다. 사부작청년의 문화예술 활동 무대가 전국구로 퍼져나가고 있어요.

사부작 활동에 관심 있는 분들은 주민 조직을 도대체 어떻게 하는 거냐고 물으세요. 길동무연결은 주민을 조직했다기보다는 활동가들과 사부작청년들이 가지고 있던 기존의 관계망을 연결한 것이라고 할 수 있어요. 동네 친구, 비장애 형제자매, 마을학교 교사와 동문들처럼 가까운 관계에서 시작하여 활동가들이 연대하는 모임과 단체로 확장해나갔죠.

다른 지역에선 이것도 쉽지 않은 일이란 이야기를 종종 들어요. 어쩌면 성미산마을이 가지는 강점이겠구나 싶어요. 성미산마을은 발달장애청년의 학교 졸업 후 마을에서의 삶을 계속 고민하는 성미산학교 교사와 부모, 그리고 주민들이 있으니까요. 사부작 활동가들이 다양한 마을 활동에 연대하고 참여하며 지역 주민, 단체와 긴밀하게 연결되어 있고요. 성미산마을에서 진행하는 사부작 운동은 다른 지역에 연결 모델을 제시한다는 점에서 중요한 실험이라고 생각합니다. 길동무연결은 마을공동체를 회복하는 활동이에요. 마을에서 경계 없이 다정하게 살자는 운동이니까요.

• 선사인아놀드홀라 2022 마포로컬리스트 컨퍼런스 폐막 공연 영상

옹호가게프로젝트

발달장애인을 환대하는 가게

발달장애인이 지역사회와 관계를 맺으려면 어떻게 해야 하느냐
는 질문을 많이 받아요. 스스로 관계 맺기 어려운 당사자라면 곁에서
지원해주는 사람이 먼저 관계를 맺으면 돼요.

사부작 활동가들은 당사자를 지원하는 사람의 역할이 얼마나 중
요한지에 대해 자주 이야기해요. 발달장애인 당사자가 가게 주인에
게는 불편한 존재일 수 있어요. 만나본 적도 없고 어떻게 대해야 할
지 모르니까요. 하지만 처음엔 불편했던 관계가 계속 만나다 보면 새
로운 관계로 발전하기도 해요.

성산동과 망원동 지역에는 발달장애인이 편하게 갈 수 있는 가게
가 꽤 있어요. 우연히 들어간 가게가 단골이 되기도 하고 어느 가게
사장님이 좋더라 하는 추천을 받고 가기도 하고요. 가게마다 '롱 롱
스토리'가 생겨나 어느 가게 주인장은 발달장애인의 다정한 친구가

211

되는 경우도 있어요. 바로 길동무가 된 거죠.

지역에 발달장애인이 환대받는 가게만 많아도 청년들이 조금은 살기 편하겠지요. 당사자 청년들에게 그런 가게는 지역에서 일상을 보내는 데 소중한 자원이고요. 발달장애인을 환대하는 사람들로 둘러싸인 환경을 만들어보자고 생각했고 그것이 '옹호가게프로젝트'랍니다.

청년들의 단골 가게 이야기

처음에는 이 프로젝트 이름을 성미산학교에서 했던 프로젝트 이름인 '고마운 가게'라고 할까 하다가 '옹호'라는 단어를 떠올렸어요. 그 단어를 쓰는 것도 고민이 있었지만, 토론 끝에 사람들이 직관적으로 알 수 있는 이름이 필요하다고 생각해서 옹호가게라 이름 붙이게 되었어요.

2019년에 옹호가게프로젝트를 본격적으로 시작했어요. 사부작청년들과 인터뷰해서 주변에 편히 이용하는 가게를 추천받고, 가게를 찾아가 옹호가게프로젝트에 참여해달라고 제안했어요. 이미 사부작 청년들의 단골 가게이니 대부분 흔쾌히 참여해주셨어요. 옹호가게

• 옹호가게프로젝트를 알리는 〈옹호가게송〉

입구에는 준하 아빠 마을총각이 만들어준 옹호가게 엠블럼을 붙이고 안내문도 비치하고요.

성미산학교 무경계 프로젝트 팀과 협력해서 학생들이 주인장을 인터뷰하고 사부작청년이 가게를 이용하는 장면을 찍어 옹호가게프로젝트 영상을 만들어 사부작 유튜브에 올렸어요. 주인장이 발달장애인과 어떻게 소통하고 관계 맺어왔는지를 지역에 알리고자 했죠.

2020년에는 길동무 미찌와 활동가 타잔, 당사자 청년들이 옹호가게프로젝트 진행팀이 되어 옹호가게를 알리고 지역 단체와 협력하기 위해 사방으로 다녔어요. 망원시장 상인회와 만나 상인회 회원들에게 옹호가게를 알리는 교육을 기획하기도 하고요. '마포사회적경제공동체 모아'는 공동체 가게들에게 옹호가게프로젝트를 홍보해주기도 했어요. 그리고 마을 주민인 치과의사 바람씽씽과 '치꽈치꽈 구강관리 소모임'도 진행했어요.

블루클럽(성산2동)

발달장애인들은 옹호가게로 미용실을 많이 추천해요. 발달장애인들은 소리와 낯선 환경에 감각이 예민해져 가위, 이발기 소리를 견디기 힘들 수가 있거든요. 어떤 미용실에서는 다음에 오지 말라고 하기도 하죠.

여기 한 발달장애 학생 민석(가명)이 추천해준 성산2동의 '블루클럽'이란 미용실 이야기를 소개할게요. 이 미용실은 민석의 어머님이

213

다른 분의 추천을 받아서 가신 곳이라고 해요. 아이를 잘 이해해주고 기다려주신다고요. 미용실 원장님은 민석이 울면 멎을 때까지 기다렸다가 조금 자르고, 다시 울면 또 기다렸다가 조금 자르신대요. 미용실에 들어가기 싫다고 문 앞에서 실랑이하는 모습이 보이면, 원장님은 손님에게 다른 자리로 옮겨달라고 양해를 구하고 민석이 들어올 때까지 자리를 비워두고 기다리신대요. 그 의자는 민석이 항상 앉았던 자리고 불안한 민석을 위해 익숙한 자리에서 머리를 깎을 수 있도록 마음을 쓰시는 거죠. 그렇게 블루클럽 성산2동점은 민석의 단골 가게이자 옹호가게가 되었어요.

원장님이 발달장애인을 대하는 태도는 손님들에게도 영향을 주지요. 옹호가게 미용실엔 긴 기다림을 마다하지 않는 원장님과 자리를 기꺼이 비워주는 손님들이 있어 지금은 민석이 편하게 이용할 수 있게 되었답니다.

카페 베로키오

베로키오는 차니의 단골 카페예요. 마을카페인 작은나무가 문을 닫았던 기간에 카페는 가고 싶은데 동네에 차니가 마음 편히 갈 곳이 마땅치 않았어요. 베로키오는 마을에 있는 작은 카페인데 찻잔을 진열해놓은 낮은 찬장이 쭉 있어서 함께 가기 위험하다고 생각했어요. 차니가 뛰다가 깨질 수도 있으니까요. 그러다가 아는 분이 베로키오 사장님이 좋은 분 같다고 가보라고 추천해주셨어요. 용기를 내서 찾아갔는데, 처음에 들어가자마자 크게 인사하시면서 환대해주시는 거예요.

"어서 오세요. 안녕하세요."

차니에게도 따로 인사를 해주셨죠. 차니랑 차를 마시는데 사장님이 먼저 자꾸 말을 걸어주셨어요. 작은 카페인데도 동네 사람들이 많이 드나드는 곳이었죠. 다음에 갔을 때도 안부를 묻고 이름 물어봐도 되냐고 하시면서 차니하고도 계속 소통하려고 노력하셨어요. 그래서 솔직히 이야기를 했지요. 여기 처음 오기 전에 맘이 편하지 않았고, 차니가 갑자기 벌떡 일어나 돌아다니다 찻잔을 깨면 어쩌나 걱정했다고요. 그러자 사장님이 "괜찮아요. 찻잔이 깨지면 치우면 되죠"라고 하셨어요. 당시는 사부작이 생기기 전이라 차니에게 소속이 없던 시절이었어요. 되살림가게에서 일주일에 한 번 자원활동을 하거나 시장을 가거나 하는 불규칙한 일들만 있었는데 그러다 보니 환대받는 곳에 간다는 게 너무 좋았답니다.

차니는 베로키오 가는 걸 즐기게 되었어요. 지금도 베로키오 카페는 일주일에 한 번씩 꼭 가는 곳입니다. 가능한 한 단골 가게는 정기적으로 방문하려고 노력해요. 몇 달에 한 번 가면 어떻게 관계가 만들어지겠어요. 차니는 옹호가게가 아니어도 일주일에 한 번씩 가서 뭘 사는 가게들이 많아요. 그래서 더 많은 가게를 단골 가게로 만들 수 있었어요.

행복한 마당

행복한 마당은 마을에 있는 작은 식당이에요. 사부작 활동가뿐만 아니라 주민들도 오래된 단골이죠. 주인장 행복이는 매우 다정한 분이라 사부작청년들이 다 편하게 이용할 수 있는 곳이에요. 행복이는 물론이고 이모님이라고 불리는 주방장님도 사부작청년들과 스스럼없이 지내세요. 행복이는 점심엔 오토바이를 타고 배달도 해요. 오토바이 앞에 옹호가게 엠블럼을 딱 붙이고 달리다 저만치 사부작청년들이 보이면 큰 소리로 "차니! 피아노!" 하고 불러요.

어쩌다 무척 바쁜 시간에 배달을 시키면 행복이가 음식이 담긴 바구니를 사부작 안까지 갖다 주는 게 아니라 바깥에 두고 슝 가버리기도 해요. "밥 여기 있어!" 외치면서요. 밥을 다 먹으면 빈 그릇이 든 바구니를 바깥에 둬요. 차니는 사장님이 바구니를 빨리 안 갖고 가면 너무 답답해해요. 언제 오토바이가 오나 바깥을 계속 지켜보다가 결국엔 바구니를 직접 들고 식당까지 가죠. 행복이와 이모님이 씩 웃으면서 "차니, 고마워"라고 하시고요.

발달장애청년이 혼자 가서 먹는 것도 가능해요. 심지어 브레이크 타임인데도 사부작청년이 가면 기꺼이 상을 차려주세요. 지난달에 혜정이 오후 네 시쯤 삼겹살이 먹고 싶다고 했어요. 꽃다지가 거기라면 해줄 수 있을 거라고 브레이크타임에 간 거예요. 예상대로 삼겹살을 구워 맛있게 먹고 왔죠. 삼겹살을 1인분만 구워주는 식당이 어디 있겠어요. 이러니 사부작과 행복한 마당은 손님과 식당의 관계라기보다는 마을 청년과 길동무 사이가 더 맞지 않을까요?

마포구 민관협치 지원사업

2021년부터 2년 동안 옹호가게프로젝트를 마포구와 민관협치로 진행하게 되었어요. 이전부터 옹호가게가 마포구의 다른 지역으로도 확산되면 좋겠다는 생각을 많이 했었는데 협치사업으로 가능하게 되었지요. 마포 지역의 발달장애인들에게 가게를 추천받고, 옹호가게로 선정되면 추천한 발달장애인과 비발달장애인들로 방문교육단을 꾸려 가게를 방문했어요. 방문교육단은 공고를 내서 모집하고요. 옹호가게프로젝트는 옹호가게 추천부터 방문교육단 활동까지 발달장애인이 주도적으로 참여해요. 방문교육단 활동에 참여한 발달장애인, 비장애인 모두에게 활동비를 지급하고요.

우선 단골 가게를 추천하고 싶은 발달장애인을 만나서 인터뷰를 해요. 발달장애인이 인터뷰를 어려워하실 수도 있으니 쉬운 글과 그림, 사진으로 PPT를 만들어 사용하기도 하고 조력자의 도움을 받기도 했어요. 청년의 단골 가게 사진을 조력자에게 미리 받아서 보여주면서 설명하면 익숙한 곳이라 더 쉽게 이해할 수 있었어요. 그럼 "이가게 추천하고 싶어요?"라고 물어보는 거죠.

가게 사장님들께 옹호가게에 추천되었다고 말씀드리면 단골로 오던 손님의 추천이니까 대부분 좋아하세요. 마포구에서 협치로 진행한다니까 더 좋아하시고요. 가게 입구에 옹호가게 엠블럼을 붙이고 옹호가게 기념품이나 옹호가게 안내문을 비치해드려요. 더 많은 발달장애인분들이 알아보고 이용할 수 있도록 말이죠.

옹호가게프로젝트에 참여한 마포구청 담당 주무관이 그 취지를 공감하고 이해했기 때문에 가게를 이용하는 활동에 사업비를 쓸 수 있었어요. 방문교육단은 옹호가게에서 음료를 마시고 식사도 하며 주인장과 더 가까워질 수 있었지요. 이것이 가장 중요한 활동이 아니었나 싶어요.

마포장애인부모연대를 통해서 옹호가게프로젝트 참여자를 모집하기도 했고, 마포발달장애인 평생교육센터와 마포장애인복지관의 청소년방과후도 지역수업의 일환으로 옹호가게프로젝트에 참여했어요. 기관들과 연대해서 진행하는 것도 사부작에게는 의미가 있었어요. 다만 발달장애인들이 자주 이용하는 가게가 없거나 한정적이어서 기관 주변 카페나 음식점을 대상으로 프로젝트를 진행하기도 했어요. 아쉽지만 한편으로는 발달장애 당사자들이 내가 갈 곳을 찾아내는 것도 권리옹호 활동으로 의미가 있다고 생각해요.

옹호가게프로젝트는 관계 맺기나 소통에 어려움이 많은 발달장애인들이 지역에서 살아가는 데 꼭 필요한 작업이에요. 중요한 건 조력자의 역할이죠. 조력자가 먼저 가게의 단골이 되고 발달장애인과 함께 가게를 자주 이용하여 그곳에 함께 있는 게 자연스러운 풍경이 되어야 하니까요.

사부작뮤직

차니의 노래 〈운동〉

'사부작뮤직'은 기획 없이 갑자기 찾아온 프로젝트였어요. 그날도 활동가들이 동그란 탁자에 둘러앉아서 이야기하고 있는데, 차니가 어떤 말을 반복하면서 그 말을 소피아에게 따라 하게 했어요. 차니에게는 말을 반복하는 습관이 있거든요. "살 빠지게"라는 말을 하면 소피아가 이어서 "살 빠지게"라고 반복하고, 차니가 "운동해요"라고 말하면 소피아가 "운동해요"라고 반복했어요. 차니가 104kg까지 살이 찌면서 엄마랑 운동을 했는데, 그때 소피아가 했던 말 — 아마도 "살 빠지게 운동하자"—에 꽂혀서 반복한 거죠.

소피아는 매번 잘 응해주다가 그날은 작게 하소연을 했어요. "정말 저 말 좀 이제 안 했으면 좋겠어. 너무 힘들어." 그런데 소피아의 말을 가만히 듣던 다래가 "말에서 운율이 느껴지지 않아? 소피아, 차니 말을 글로 써봐요. 누가 알아? 그게 시가 될지"라고 했고 행동 빠른 소피아가 그날 저녁에 단체 톡방에 글을 올렸어요.

"살 빠지게 살 빠지게 운동해요.
아파트 올라가서 운동기구 해요.
월드컵공원에서 인라인 타요.
저녁 먹고 한 바퀴 뺑글 돌아요.
89킬로 되면 불고기 파티해요.
살 빠지게 살 빠지게 운동해요."

연두가 그 시를 읽고 반해버렸어요. 불고기 먹을 생각에 운동하
는 청년의 모습이 즐겁게 그려졌죠. 작곡가 꿈휴에게 이 글을 넌지
시 보냈어요. 작곡을 해달라는 건 아니었는데 25분 만에 악보를 보
내주셨어요. 그분도 딱 꽂힌 거죠. 글을 세 번 반복해서 읽고 그냥 쫙
썼대요.
　사부작뮤직은 그렇게 시작되었어요. 노래가 갑자기 만들어졌고
꿈휴랑 계속 미팅을 하면서 녹음까지 하게 되었어요. 노래로 만들어
졌으니 누군가는 불러야 되잖아요. 녹음까지는 생각하지 않았었는

· 〈운동〉
　작사: 이정찬, 작곡·편곡: 꿈휴, 노래: 사부작, 음악 제작: 그림자놀이

데, 꿈휴가 활동가들 모두 녹음해야 한다면서 차니도 연습시키라고 하더라고요. 진짜 연습을 많이 했어요. 직접 녹음실에 가서 헤드폰 끼고 녹음을 하는데, 같이 부르는 줄로만 알았다가 멤버가 한 명씩 들어가서 노래하라고 해서 당황했던 기억이 생생해요.

〈운동〉이라는 노래를 만들면서 배운 게 많아요. 사람은 있는 그대로 봐주는 게 중요하다고 말하고 생각해왔지만 실제로 일상에서는 쉬운 일이 아니잖아요. 특히 도전 행동이라고 불리는 발달장애인의 어려운 행동들은 옆에서 어떻게 해석하느냐에 따라서 소음을 일으키거나 방해하는 행동이 될 수도 있어요. 그런데 이렇게 반짝반짝 빛나는 말이 될 수도 있다는 걸 알게 되었죠.

마카롱의 노래 〈만화〉

차니의 노래 이후로 발달장애인들의 말을 시로 만들고 노래로 부르는 작업을 해보면 좋겠다는 이야기를 나눴어요. 그래서 다음으로 마카롱의 노래 〈만화〉를 만들었어요. 집에서 밥 먹다가 마카롱이 만들고 싶은 노래가 있는지 물어봤더니, 갑자기 일어나서 다리를 의자에 올리고 기타 치는 시늉을 하며 곡까지 붙여서 즉흥으로 노래를 부르더라고요.

"잠이 온다. 졸려온다.
학교에서 이대로 자면 끝장이다.

종이를 들고 펜을 잡고

잠이 다 달아날 때까지

만화를 그리자. 격렬하게 그리자.

주변 사람들은 서로 수다를 떠는데

내 대화 수단은 만화밖에 없다."

연두는 마카롱이 즉흥으로 부른 노래라 혹여 날아갈까 급하게 받아 적었어요. 그걸 꿈휴가 다시 작업해주셔서 〈만화〉라는 노래가 나왔지요. 그때 마카롱이 고등학교 1학년이었는데, 자기의 장애 정체성에 혼란을 겪고 '나는 왜 이렇게 힘든가?'라는 생각을 반복하며 어려움을 겪던 시기였어요. 그래서 이 노래가 마카롱에게 더더욱 많은 힘을 실어줬고, 친구와 학교에서 작업을 이어받아 하면서 한층 더 힘을 얻게 되었어요. 학교에서 교육과정의 하나로 이 노래로 만화를 만들고, 뮤직비디오 만드는 작업으로 발전시켰어요. 노래 역시 마카롱을 포함해서 사부작 활동가들과 차니가 함께 녹음했어요.

• 〈만화〉
작사: 여인찬, 작곡 · 편곡: 꿈휴, 노래: 사부작(feat. 무경계), 음악 제작: 그림 자놀이

익스의 노래 〈닭〉

성미산학교에 '시가 흐르는 밤'이라는 행사가 있었어요. 그때 익스가 지은 시가 있는데 그걸로 노래를 만들었어요.

"학교에서 말썽 부릴 때 나는 불닭이었어요.

선생님과 친구들이 내 말을 안 들어줘서 화났어요.

하루 종일 시끄럽게

빡-빡-빡-빡 빡-빡-빡-빡

하지만 이제는 다 커서 의젓한 수탉이 되었어요.

선생님과 친구들이 내 말에 귀 기울여줘서 행복해요.

하루 종일 기분 좋게

꼬꼬꼬꼬 꼬꼬꼬꼬"

자기 노래니까 우리가 연습을 하나 안 하나 익스가 감독을 했어요. 익스는 절대음감의 소유자거든요. 음악적인 재능이 있어서 "지금 반음 내려갔어요. 다시 불러보세요"라고 코치를 해줬어요. 그때 익

• 〈닭〉
작사: 김익환, 작곡: 꿈휴, 편곡: 영호, 노래: 사부작, 음악 제작: 그림자놀이

스를 사부작의 매니저 익스 형이라고 부르기도 했어요. 사부작 매니저라는 타이틀이 좋았던 익스가 우리가 공연하러 갈 때 매니저 역할을 톡톡히 했죠. 청운동에서 '발달장애 국가책임제' 집회를 할 때 공연을 했거든요. 소방서 옆에서 연습을 했는데 익스가 호령을 하면서 '발달장애인 국가책임제'를 외치며 딱딱 맞추라고 하고, 잘했다고 격려도 해줬어요.

나중에 이 노래들로 마을방과후 아이들과 청년들하고 만나서 놀면서 안무 짜는 프로그램도 진행했어요. 진짜 백 번 교육하는 거 다 소용없고 한 번이라도 직접 만나 노는 게 최고라고 생각했어요.

정현의 노래 〈미크로케라투스〉

정현이는 미크로케라투스라는 공룡에 꽂힌 어린이였는데, '시가 흐르는 밤'에 나온 시가 좋아서 정현이에게 이야기해서 노래를 만들었어요. 미크로케라투스를 사랑하지만 그래도 친구 형준이가 더 좋다는 이야기죠.

"미크로케라투스랑
축구하고 싶다.

미크로케라투스는 스포츠카처럼 빠를 거야.
하지만 형준이라면 쫓아갈 수 있을걸?"

• 〈미크로케라투스〉
작사: 권정현, 작곡: 꿈휴, 편곡: 영호, 노래: 사부작, 음악 제작: 그림자놀이

민서의 노래 〈콩이 있어〉

페이스북에 사부작뮤직을 소개하면서 "주변에 발달장애인의 이야기가 있다면 우리가 노래로 만들어볼게요"라고 글을 올렸어요. 페이스북 친구 중에는 발달장애인 부모도 있는데, 그중에 일상을 아주 재미있게 올리는 가족이 있었어요. 안산에 사는 민서의 가족이죠.

민서가 6학년 때 올라온 에피소드가 있었는데, 밥을 먹다가 애가 너무 소리를 질러서 왜 그러냐고 물었더니 "콩이 있어!"라고 말했다는 거예요. 그래서 그 이야기를 시로 만들고 노래로 만들었어요. 빠른 비트의 곡인데 사부작뮤직 중 조회 수 1위예요.

"으악! 엄마!
엄마! 으악!

• 〈콩이 있어〉
작사: 여민서(이야기), 작곡 · 편곡: 영호, 노래: 사부작(feat. 여민서, 곽은주),
음악 제작 : 그림자놀이

아이쿠, 깜짝이야!

밥 먹다 무슨 일이야?

.

.

.

콩이 있어."

피아노의 노래 〈누구야〉

피아노는 소근육이 좋지 않아 손과 손가락으로 하는 활동을 어려워해요. 예전에 성미산학교 미니샵 프로젝트에서는 밀랍 초를 만들었어요. 밀랍 초는 심지를 밀랍에 담갔다 빼는 동작을 반복하면 되는데, 피아노가 할 수 있는 일이었고 초가 뚱뚱해지는 과정을 재미있어했죠. 그때 알라딘이라는 마을 주민이 성미산학교 미술교사였는데 양모펠팅 작업을 교육과정으로 했고, 미니샵에서 같이 했다고 해요.

펠팅은 서로 다른 색깔의 양모를 뜯어서 배치하고, 따뜻한 비눗물을 넣고 손바닥으로 움직이면서 섞는 작업이에요. 다양한 색깔의 양모들이 자연스럽게 패턴을 이루는데 이 펠팅한 양모로 모자나 가방이나 소지품을 만들어요. 양모를 손바닥으로 골고루 누르면서 손끝으로 펴서 양 끝이 차이 나지 않게 해야 하죠. 그런데 피아노한테는 그 과정이 어려웠어요. 손끝에 힘이 없어서 양모가 편편하게 펴지지 않았죠. 한쪽은 두껍고 다른 쪽은 너무 얇아서 제품을 만들기엔 영성해 보였어요. 그래서 문제라고 생각했는데, 어느 날 알라딘이 가만보니 울퉁불퉁한 펠트 자체가 멋있더래요. 피아노가 이 작업을 즐거워하니 무엇을 만들기 위한 펠팅이 아니라 이 자체를 작품으로 만들면 좋겠단 생각을 한 거죠. 피아노와 이야기를 나누면서 계속 펠팅 작업을 했고, 1년에 한 번 전시회를 열어서 2022년에 열두 번째 전시를 했어요. 그 시간 동안 알라딘이 피아노 곁에 있었어요.

사부작은 피아노의 열 번째 전시를 함께했어요. 10주년이라 색다르게 해주고 싶었거든요. 그동안은 피아노의 어머니 달님과 알라딘이 전시를 준비하셨어요. 10년을 맞는 걸 기념해서 피아노와 알라딘이 해온 작품들을 많이 알리려고 뜻깊은 기획을 준비하던 차에 때마침 피아노의 노래가 나왔어요.

피아노는 손가락으로 상대방을 가리키면서 "누구야"라는 말을 많이 하는데, 몰라서 묻는 게 아니라 반가운 마음에 나오는 인사 같은 거예요. 이 인사법을 알리고 싶어서 연두가 가사를 썼어요.

"누구야? 나는 소피아, 좋아하는 노랠 불러줄게.

누구야? 나는 연두야, 날마다 생생하게 웃어줄게.

누구야? 나는 타잔이야, 힘들 때 아아아 달려갈게.

누구야? 나는 다래야, 맛난 요리 같이 해보자.

그러는 너는 누구야?

나는 피아노, 피아노야.

피아노 치고 춤출 때 행복한 사람.

네가 누군지 알고 싶은 사람.

누구야? 나는 이정찬, 만나서 정말 반가워.

누구야? 나는 달님이야, 하나뿐인 너를 낳았지.

누구야? 나는 나야, 지금 네 곁에 있어.

누구야? 나는 나야, 지금 네 곁에 있어."

　피아노랑 어떤 식으로 관계를 맺는지를 부각시켜서 사람들과 피아노 이야기를 담았어요. 누구에게 곡을 부탁할까 고민하다가, 피아노를 오래 알아온 마을 주민 실비에게 제안했어요. 실비는 정말 좋아하면서 노래를 뚝딱 만들어주셨어요. 곡을 붙인 후에 실비가 처음으로 들려주는데, 너무 아름다워서 울컥했어요. 자기가 좋아하는 사람들이 노래에 나오니까 피아노도 무척 좋아했어요.

　피아노의 10주년 전시회 오프닝에서 〈누구야〉를 발표했어요. 사람들이 앉아 있다가 나오면서 합창을 하는 방식이었어요. "누구야?"

• 〈누구야〉

작사: 연두, 작곡: 실비, 편곡: 영호, 꿈휴, 음악 제작: 사부작

라고 합창하면 그다음 가사에 등장하는 사람이 나와서 노래를 불렀어요. 확장될 수 있는 노래라서 더 좋았어요.

사부작뮤직 공연

사부작뮤직 노래 중에서도 〈운동〉이 무척 신나는 노래라, 유예한테 안무를 부탁했어요. 안무까지 해서 마을 축제 때 공연하면 좋겠다고 상상했죠. 그래서 사람들이 따라 하기 쉬운 동작들로 만들어달라고 했어요. 유예가 안무를 완성해서 우리를 연습시켰어요. 동네 술집 망고비어에서 테이블 다 밀어놓고 연습했던 기억이 나요.

2017년 3월 사부작 운영 자금 모금을 위한 사부작 작은축제를 열었어요. 바자회와 공연을 했는데 그때 처음으로 〈운동〉 안무를 발표했어요. 노래를 부르면서 율동을 하니까 사람들이 무척 좋아했어요. 앙코르를 외치는데 다른 곡이 없어서 〈운동〉을 다시 했죠. 그러자 죄다 일어나서 같이 춤을 추면서 재미있게 놀았죠.

사부작뮤직 워크숍

새민족교회와 마포희망나눔에서 사부작청년과 함께하는 프로그램을 기획했어요. '발달장애인하고 놀아봤니?'라는 제목으로 발달장애청년과 비장애 청소년이 같이 〈미크로케라투스〉 노래의 안무를 짜는 프로그램이었어요. 전체를 다섯 모둠으로 나누고 사부작청년들이 한 명씩 모둠에서 함께했어요. 모둠별로 발표회도 진행했어요.

성미산마을에 있는 '개똥이네문화놀이터'는 책방과 방과후 프로그램을 함께 운영하는 공간이에요. 사부작은 개똥이네문화놀이터 방과후 초등학생들과 '사부작 몸짓으로'라는 프로젝트를 3년째 진행해오고 있어요. 사부작청년이 강사가 되어서 노래와 율동을 가르쳐주고, 방과후에서 사부작청년에게 강사료를 지급해요.

첫해 '사부작 몸짓으로'는 차니가 강사로 참여했어요. 〈운동〉 노래와 안무를 배우고, 방과후 아이들과 〈콩〉 노래의 율동을 만들어서 울림두레생협 성산점에서 게릴라 공연을 했죠. 이듬해에는 익스가 참여해 〈닭〉 노래로 같이 안무를 만들어 책방에서 발표하고 마을회관 앞에서 뮤직비디오 촬영도 했어요. 작년 '사부작 몸짓으로'엔 마카롱이 강사로 참여해 〈옹호가게송〉 율동을 만들었어요. 방과후 아이들과 함께 골목골목 누비며 뮤직비디오를 제작했지요.

이어지는 사부작뮤직

피아노의 〈누구야〉까지 여섯 곡의 가사와 악보, 사부작뮤직에 얽힌 이야기를 엮어 『운동해요, 운동!』이라는 음반책을 냈어요. 그 뒤로도 질문왕(호성)의 〈새 구경〉을 친구인 지킬과 작업해 영상으로 제작했고, 〈옹호가게송〉도 만들었어요. 그리고 요새는 혜정의 노래를 만들기 위해 말을 모으고 있어요.

틀에 박히지 않은 사람의 말에서 시작해 공연과 워크숍까지 확장된 사부작뮤직은 특정한 의도를 가지고 시작된 기획은 아니었지

• 〈새 구경〉
시: 질문왕, 작곡: 지킬, 영상 제작: 질문왕, 지킬

만 사부작의 대표적인 활동이 되었어요. 사부작뮤직은 발달장애인의 솔직하고 독특한 말을 발견해서 빛나게 해주는 작업이라고 생각해요. 작업을 하며 수많은 사람들과 연결되고 새로운 활동이 생겨났어요. 여기저기서 공연 요청이 들어오고 노래와 춤을 함께 배우고 만드는 워크숍을 진행하면서 사부작청년들이 활동비를 받게 된 것이 의미가 크다고 봐요. 즐거운 문화예술 활동이 노동으로 이어지는 거죠. 청년들의 활동은 편견과 경계 없는 세상을 만드는 데 크게 기여하고 있다고 생각해요. 세상을 건강하게 하는 '운동'인 셈이지요.

버블버블텍

아무도 안 춰서 내가 췄다

버블버블텍은 댄스파티예요. 2018년에 한스피크라는 언어치료실에서 시작했죠. 한스피크 라운지에서 발달장애청년들이 댄스파티를 한다고 해서 사부작에서도 청년들과 함께 참가했는데 정말 재미있었어요.

이후에 사부작과 같이 성미산마을극장에서 버블버블텍을 크게 해보자고 한스피크에 제안했어요. 발달장애청년들도 춤추고 노는 걸 정말 좋아하는데 그럴 만한 공간이 별로 없어요. 한 달에 한 번씩 마을극장에서 버블버블텍을 하기로 하고 한스피크와 공동으로 기획단을 꾸렸어요. 한스피크 직원이자 사부작청년인 미니가 진행하고, 한스피크 활동가 비우와 사부작 활동가 연두, 성미산학교 졸업생 펭이 기획을 했죠. 펭은 버블버블텍에 한 번 오더니 홍대 클럽보다 더 재미있다고 했어요.

청년들은 별별 기상천외한 춤을 다 선보여요. 그래서 버블버블텍 부제목이 '아무도 이렇게 안 춰서 내가 췄다'랍니다. 어떤 춤이든 다른 사람들을 의식하지 않고 출 수 있어야 해요. 코로나 전에는 한 달에 한 번씩 꼬박꼬박 열었어요. 처음에는 참가자가 많지 않았는데 점점 소문이 나서 파주, 강남, 양평에서도 발달장애청년들이 와주어서 30명 넘게 참여했어요.

버블버블텍을 할 땐 마을극장에 소파만 벽에 두고 좌석을 다 뒤로 밀어요. 중앙을 뻥 비우고 조명과 음악으로 채우는 거죠. 현장과 온라인으로 받은 신청곡을 트는데, 레퍼토리가 정말 다양했어요. 최신곡부터 7080 유행곡까지 다 있었죠. 심지어 한 청년이 〈화개장터〉를 신청해서 신나는 댄스곡들이 이어지다가 갑자기 모두들 빵 터진 적도 있어요. 물론 그러거나 말거나 개의치 않고 열심히 춤추는 분도 계셨답니다.

비어버블텍

한번은 마을활력소 공간을 빌려 '비어버블텍'으로 진행한 적이 있어요. 청년들이 생각보다 맥주를 많이 마시지 않았어요. 술을 한 번도 안 마셔본 분들이 많더라고요. 기회가 없어서 못 해보신 것 같았어요. 왜 유독 발달장애인들에겐 음주 접근권이 없을까요? 비어버블텍의 부제목은 '아무도 권하지 않아서 내가 마신다!'로 삼았죠. 맥주와 안주를 드리고 사부작청년들과 동네 청년들이 여러 부스를 운영했어요. 스티커 타투 코너도 있었어요. 화장술이 뛰어난 청년이 화장 부스를 운영했고, 피플퍼스트 서울센터 동료 상담가 대범 씨를 초대해서 상담소도 열었어요. 대범 씨가 맥주를 원 없이 마시고 가셨죠.

모든 동작이 춤이 되다

같이 온 부모님들은 대부분 자녀가 어떻게 노나 지켜만 보세요. 사부작 활동가들이 춤을 추면서 다가가서 "왜 안 추세요? 같이 춰요"라고 권해도 잘 안 하세요. 어떤 분은 본인이 아는 댄스 선생님을 모셔서 지도하면 좋겠다는 말씀을 하셨는데, 자기 아들이 어떻게 해야 할지 몰라서 못 노는 것 같다고 하셨죠. 물론 잘 노는 부모님도 계세요. 한 아빠는 초등학생 자녀를 데리고 오셨는데, 웬만한 걸그룹 안무를 다 아시더라고요. 아이는 신경 안 쓰고 무아지경으로 춤을 추시길래, 저희가 단골손님으로 등록하겠다고 했어요.

버블버블텍의 광경을 보면 무엇이든 춤이 돼요. 어떤 사람은 그냥 돌아다니기만 하고, 첫날부터 무대 중앙에서 신나게 노는 분도 계시고, 서너 번째 와서야 드디어 일어나서 걷는 분도 계시고요. 처음엔 걷다가 그다음엔 딱 한 번 흔들고 나중엔 바닥을 막 기어 다니기도 해요. 무대에는 조명이 쏟아지는데 이쪽 벽 한 번 딱 치고 저쪽 벽 한 번 딱 치면서 돌아다니는 동작을 보면 참 멋있어요. 걸어 다니다 만나면 서로 손바닥을 마주치기도 하죠.

바닥 먼지를 온몸으로 닦으면서 개구리처럼 춤을 추는 사람, 벽에 매달리는 사람, 섹시하게 웨이브를 추는 사람도 있어요. 긴장된 상황에서 나오는 발달장애인 특유의 반복 행동도 음악과 조명이 함께하면 재미있고 힙해져요. 엄지와 약지를 펴고 머리 옆에 손을 흔드는 행동을 하는 청년이 있었는데, 따라 해도 되냐고 물어보니 웃으면서 고개를 끄덕여서 활동가들도 같이 췄어요. 그렇게 버블버블텍에선 모든 동작이 또 하나의 춤이에요.

버블버블텍은 일요일 오후 세 시부터 다섯 시까지 운영하고 해가 지기 전에 돌아가요. 처음에는 참가비 없이 진행하다가 아무래도 춤을 추니까 음료가 있어야겠더라고요. 문화를 향유하는 데 그 정도의 돈은 써도 될 것 같아서 3천 원의 입장료를 받았어요.

버블버블텍은 코로나 때문에 중단했다가 작년 12월 마지막 포럼 폐막식을 겸해서 다시 시작했어요. 올해 버블버블텍은 다정한재단의 다정한 기금을 받아 격월로 열고 있어요. 처음보다 다양한 사람들이 참여하고 있어요. 비발달장애인 손님이 늘었고 휠체어장애인도 오시죠. 물 좋다고 소문이 난 게 아닌가 싶어요. 하하!

발달장애와 마을포럼

온동네공부회오리

2018년에 〈어른이 되면〉이라는 영화로 성미산마을 극장에서 공동체상영을 한 적이 있어요. 동생 혜정의 탈시설 이후 혜영, 혜정 자매가 함께 사는 일상을 담은 다큐멘터리죠. 성미산마을의 크고 작은 단위에서 장애 · 비장애 통합을 고민했지만, 장애 이슈로 마을 주민들이 모인 적은 없었어요. 상영회가 처음이었죠. 혜영, 혜정 자매를 초대 손님으로 모시고 마카롱, 유예 남매가 영화 이야기 자리를 진행했어요.

성미산마을 주민이어도 발달장애인과 관계를 잘 맺으면서 사는 사람은 많지 않아요. 우리는 그냥 만나면 된다고 생각하지만, 그분들은 장애에 대해 너무 모른다는 걱정이 있어요. 그렇다면 같이 공부해 보자는 마음으로 2018년부터 '온동네공부회오리'라는 장애 관련 공부모임을 마을에 열었어요. 영화를 같이 보기도 하고, 강연도 들었어요. 온동네공부회오리는 2021년부터는 '발달장애와 마을포럼'으로 확장되었어요.

2021년 포럼 – 모두의 학교, 모두의 마을

사부작의 중요한 키워드는 '발달장애'와 '마을'이에요. 이 키워드를 가지고 정례적으로 이야기의 장을 만들 필요가 있다고 활동가들이 의견을 모았어요. 발달장애인의 마을살이 사례와 고민을 나눌 수 있는 자리, 지역에서 발달장애인의 삶을 고민하는 공동체, 단체들의 네트워크가 구축되는 자리를 상상하며 기획했어요. 2021년에 '발달장애와 마을포럼'이라는 이름을 내걸고 포럼을 열었어요.

첫 포럼의 주제는 교육이었어요. 일본 오조라 초등학교의 통합교육을 다룬 〈모두의 학교〉 다큐멘터리 공동체상영으로 시작했어요. 홍성군의 친환경 마을인 홍동마을 주민 보루를 초대해 '교육과 일과 일상은 어떻게 연결되는가?' 강연도 들었어요. 보루는 교육과 일상과 노동을 떼어놓을 수 없다는 생각으로 장애 학생들의 학습의 장을 교실에서 농장으로 이동해서 진행하고 있어요. 마을과 학교와 농장이 협업하여 만들어가는 과정이 인상적이었죠.

'모두의 마을'이라는 주제로 성미산마을의 교육 단위들이 이야기하는 시간도 마련했어요. 성미산마을은 교육으로 시작된 마을이고, 공동육아 어린이집, 성미산학교, 마을 방과후에서 장애·비장애 통합교육을 하고 있으니까요. 포럼 꼭지 '모두의 마을'에 참여했던 각 단위는 이후 함께 공부도 하고 상황도 공유하고 고민도 털어놓는 자리를 갖고 있답니다.

2022년 포럼 – 노동을 말하다

2022년의 포럼 주제는 '노동'으로 정했어요. 이윤을 중심으로 하는 현재의 노동시장에서 발달장애인은 배제될 수밖에 없고, 대부분은 시혜의 대상으로 살아가야만 할 거예요.

2022년 포럼에 장애인언론 '비마이너'의 발행인인 활동가 김도현 님을 초청했어요. 강의를 통해 '공공시민노동'이라는 개념을 새로 알게 되었고 확장된 노동 개념을 구현하는 사례도 공부했어요. 김도현 님께서는 노동은 시민의 권리와 의무로 공공 영역에서 보장돼야 한다고 하셨어요. 노동은 헌법에 의해 보장되는 '권리'인 동시에 '의무'이고 실제 대한민국 헌법도 '근로의 권리'와 '근로의 의무'를 동시에 포함하고 있잖아요. 그래서 노동은 민간 영역에 방치돼선 안 된다고, 공적 개입이 이루어져야 한다고 하셨어요. 일정 연령 이상의 모든 이들에게 일정 기간의 교육 기회를 부여하듯, 일정 연령 이상의 모든 이들에게 노동 기회를 보장하는 '공공시민노동'이 필요하다고요. 사부작 활동가들이 현장에서 부딪히며 느낀 것들을 연구자의 정돈된 말로 들을 수 있어 정말 좋았어요. 더 공부를 해야겠다는 생각을 하게 되었죠.

이미 현장에서 공공시민노동을 '권리중심 중증장애인 맞춤형 공공일자리'와 '중증장애인 지역맞춤형 취업지원 사업'으로 구현하고 있는 노들장애인야학과 피플퍼스트도 초대해서 생생하고 다양한 이야기를 들을 수 있었어요. 발달장애인의 문화예술 활동과 권리옹호 활동이 '공공시민노동'으로 인정받는다는 것은 정말 놀라운 일인 것 같아요.

누구에게나 노동은 중요한 문제잖아요. 살아가는 이유가 될 수도 있고 생존의 바탕이 될 수도 있고요. 발달장애인의 활동이 그 자체로 사회에서 인정받았으면 좋겠어요. 사부작 활동가들은 발달장애인들이 거리를 쏘다니며 출현하는 것으로 지역의 문화를 바꾸고 사회에 기여한다고 얘기해요. 사람들이 발달장애인의 노동을 그런 시각으로 볼 수 있으면 좋겠어요.

포럼 이후 성미산마을에서 발달장애인의 '공공시민노동' 모델을 만들어보고 싶어졌어요. 사부작청년들이 이웃과 함께하는 다양한 문화예술 동아리와 마을 활동을 노동으로 인정해 급여를 지급하여 지역에서 안정적으로 살아가는 모델이죠. 지역에서 관심 있는 분들과 돌봄, 사회적 경제 관련 단체들과 모임을 꾸려 공부하고 논의해가려고 해요. '공공시민노동'이 발달장애인으로 시작해서 청소년, 노인, 여성 등 모든 사회적 약자로 확장되고 정책에도 반영되면 더없이 좋겠죠. 그렇게 사부작은 또다시 새로운 실험을 준비하고 있어요.

타잔
사부작 초창기 멤버로 현재는 사부작 이사를 맡고 있다. 모여서 뜨개
질하는 줄 알고 합류했다가 사부작의 온갖 디자인을 도맡아 했다. 다
른 지역 장애인 부모들에게 인기가 많으며 노동, 장애 등의 투쟁 현
장에 연대하는 인권활동가이다.

다래
사부작 초창기 멤버이며 지금은 감사로 활동 중이다. 직업은 출판인
이며 익스의 엄마이다. 사부작 뒷집에 살다 망원동으로 이사해서 자
주 못 본다. 사부작이 궁할 때마다 어디선가 자금을 유치해오는 사부
작의 후원 모금책이다.

5장

사부작 수다회

— 우리가 가면 길이 된다 —

사부작의 시작

연두 집담회에 오신 여러분, 환영합니다. 오랜만에 모였네요. 함께했던 지난날도 돌아보고 앞으로의 사부작에 대해 이야기를 나눠보고 싶었어요. 새삼스럽지만 자기소개를 해볼까요?

다래 저는 사부작 창립 멤버고 현재 사부작 감사를 맡고 있는 다래입니다.

타잔 저도 사부작을 시작한 멤버입니다. 비장애 부모고, 지금 사부작 등기이사입니다.

연두 사부작을 어떤 마음으로 시작했었나요?

타잔 차니가 성미산학교를 졸업하고 어떻게 지내는지 궁금하더라고요. 당시에 연두랑 가을하늘이랑 마을 카페에서 뜨개질을 자주 했는데, 마을 주민이었던 가을하늘도 "요즘 차니 뭐 하시지?" 하고 궁금해했어요.

소피아 그때는 일주일에 하루 되살림가게에서 차니랑 자원봉사

를 했어요. 성미산마을에서 이사를 갔고, 좋은날협동조합
도 그만둔 터라 마을에서 함께할 수 있는 활동이 없었어
요. 어떻게든 마을에 우리의 존재를 알리고 싶었죠.

타잔 맞아. 마을에서 항상 보이던 차니가 안 보인다는 생각이
들었어. 어디든 모여서 뜨개질할 사람은 뜨개질하고, 차니
도 옆에서 놀 수 있으면 좋겠다 이런 이야기를 했어요. 저
는 간단히 성미산마을 카페인 작은나무나 성미산학교의
공간 정도를 떠올렸어요. 그러다 사고 치기 좋아하는 분들
이 하나둘 모였죠. 첫 모임 때 정장을 입고 온 다래가 떠오
르는군요.

연두 가을하늘이 차니와 같이 할 수 있는 일을 고민해보자고
제안했을 때 비장애 자녀가 있는 타잔, 가을하늘, 그리고
장애 있는 자녀를 둔 소피아와 제가 모였고, 다래에게는
제가 제안했어요. 학령기 이후 발달장애인의 삶을 고민하
게 될 텐데 초등 연령 아이를 둔 부모도 합류했으면 좋겠
다 싶었고 딱 떠오른 사람이 다래였어요.

다래 그때 익스가 4학년이었어요. 저는 그때 발달장애인 부모
교육을 위한 사회적 기업을 준비하고 있었어요. 당시에 연
두하고는 마을에서 오가며 알고 지내는 사이이자 성미산
학교 교사로 만난 관계였고, 소피아는 차니를 통해서 만났
었어요. 가을하늘은 동네 술집인 망고비어에서, 타잔은 마

포희망나눔을 통해서 만난 적이 있었고요. 저 빼고는 다들 친한 사이였죠. 저는 좀 뻘쭘한 상태로 함께했는데, 연두나 소피아에 대한 믿음이 커서 이들 곁에서 지켜보면서 돕겠단 마음으로 합류했습니다.

소피아   작은나무랑 망고비어에서 회의하면서 여러 명이 뭉쳐서 온 동네를 돌아다녔잖아요. 그때가 참 좋았어요.

다래   원래 여행도 떠나기 전이 가장 재밌잖아요. 아무 난관이 없었던 때죠. 우리의 뜻을 모으는 단계였기 때문에 마냥 즐거웠어요.

연두   우리가 꿈꿨던 건 발달장애청년들이 마을을 여기저기 자유롭게 돌아다니는 거였잖아요. 그래서 처음에는 우리에게 굳이 '장소'가 필요하다고 생각하지 않았어요.

사부작 출동식과 공간 마련

소피아   그때 공간도 없었는데 어떻게 '사부작 출동식'을 할 생각을 했을까요?

타잔   마을에 알리고 싶었어요. 우리가 마을에 살고 있다는 걸요.

연두   청년들을 모으고, 출동식을 하고, 활동비 마련을 위해 바자회에 축제까지 다 해낸 거지.

소피아   출동식 했을 때 마카롱의 그림으로 포스터 만들었잖아요. 처음부터 우리는 청년들의 활동을 드러내고 싶었어요. 그때 돈도 없었는데 마카롱에게 디자인비를 지불했잖아요.
우리 정말 앞서갔다!

타잔 '성미산마을축제', '성미산마을운동회', 마을 사람들이 다
모이는 매년 하는 행사가 있잖아요. 우리가 이상한 조합으
로 호기롭게 그곳에 등장했죠. 뭘 하겠다는 건지 모르겠는
데 청년들은 엄청 흥이 나 있고 아무래도 좀 별나 보였던
지 우리에 대한 관심이 생각보다 무척 컸어요. 그때 누군
가가 올해 마을에서 있었던 일 중에 사부작의 등장이 가
장 핫한 일이 될 것 같다고 이야기했죠. 사람들이 발달장
애청년을 만나서 소통하고 싶고 궁금하기도 한데 방법을
몰랐구나 하는 생각이 들었어요.

연두 2017년 가을부터 모임을 해오다가 12월 16일에 출동식을
열고 우리 존재를 마을에 공식적으로 알렸죠. 크리스마스
즈음 우연치 않게 차니 노래를 만들게 되었어요. 노래가
만들어지는 과정을 겪으면서 이렇게 활동을 하면 되겠네
하고 생각했어요. 그다음 해에 '사부작 작은축제'를 준비
하면서 따로따로 흩어져 있던 청년들을 모아서 청년 모임
을 했어요. 사회적기업 '소풍 가는 고양이' 제2공간을 빌
려서 회의를 했는데 견물생심이라고 '와, 여기가 우리 공
간이면 진짜 좋겠다' 싶었잖아요.

타잔 누워도 되고 쿠키도 구울 수 있고 따뜻하고 아늑한 공간

이었지.

연두 소풍 가는 고양이가 그 공간을 내놨을 때도 돈이 하나도 없으니까 꿈만 꿨었잖아요. 가을하늘하고 제가 새로 들어올 입주자를 모집한다는 설명회에 갔는데, 가면서도 설마 우리가 이 공간을 얻을 수 있을까 반신반의했죠. 그냥 들어보려고 갔던 건데 둘이 완전 불이 붙어서 '돈을 모으자!'라고 의기투합했어요.

타잔 백만 원도 아니고 천만 원도 아니고 1억을 모은다는 건 사실 말도 안 되는 얘기였죠.

소피아 공간을 마련한다고 하니까 정말 많은 분들이 후원을 해주셨지.

타잔 어떤 사람은 자기가 뭔가 하려고 모아둔 50만 원인데 올해 쓰지 않고 내년에 쓸 예정이니 빌려주겠다고 했잖아. 각자 인연이 있는 사부작 활동가들에게 매일 밤 카톡이 왔어. 그걸 사부작 활동가들끼리 공유하면서 밤마다 훌쩍거렸지.

연두 마을 분들이 돈을 빌려줬을 때 큰돈 작은 돈 되게 다양했잖아. 우리가 사정 뻔히 아는 집인데도 돈을 빌려주신다고 하면 짠하고. 그땐 매일매일이 감동이었지. 다섯 명 활동가 이름으로 차용증을 다 써주고 도장도 찍었잖아요. 기간이 길면 부담스러울 수도 있는데 1년만 빌려달라고 한 게

신의 한 수였어요. 1년 후에 돌려막기 식으로 사정이 되는 사람이 다시 빌려주고, 또 그다음 넉넉한 사람이 빌려주고, 필요한 사람은 찾아가고 이렇게 했잖아요.

다래   그래서 많은 사람들한테 호응을 얻을 수 있었던 것 같아요.

연두   2주 만에 5천만 원이 넘게 모였어요. 3주 만에 거의 1억을 다 모았고요.

다래   그 후원의 의미 하나하나가 입주식 할 때 그대로 느껴졌어요. 작은 공간에서 엄청난 흥행을 한 행사였죠. 정말 훈끈하고 따뜻한 분위기였어요.

타잔   입주는 7월 1일에 했는데 집들이는 11월에 했죠. 집기도 돈 주고 산 게 하나도 없어요. 숟가락, 포크, 그릇 하나하나까지 다 기증받았어요.

다래   책장, 테이블도 기증받았지.

소피아   학원에서 집기들을 가져오기도 하고, 마을총각이 책상과 책장을 기증하고 직접 운반해줬지요. 손볼 게 있으면 마을 주민들이 직접 와서 수리도 해주고…. 동네 사람들하고 같이 만든 공간이라는 생각이 들어요. 다시 생각해도 감동이네요. 연두하고 꽃다지랑 저번에 얘기하다가 새삼 알게 됐는데 처음에 돈을 빌려주신 분들이 계속 돈을 안 찾아가요. 벌써 6년이 됐잖아요. 우리 그분들한테 고마움을 어떻게 전달하면 좋을지 생각해봐요. 잊지 않았으면 좋겠어요.

아름다운재단 공익단체 인큐베이팅 지원사업

연두　그러고 나서 2018년 6월 아름다운재단 공익단체 인큐베이팅 사업에 선정이 되었잖아요. 그때 공모 신청서 쓰면서도 진짜 재미있었어요. 날마다 모였잖아요.

소피아　제안서의 질문에 답하면서 엄청나게 토론하고 싸우기도 하고, 막연하게 갖고 있던 의미들을 각자 구체화하면서 상상하고 있던 것들이 조정되었지. 우리 스스로 공부도 많이 되고 길들이 더 명확해졌잖아. 우리가 상상하던 것들을 언어로 만드는 과정이었어요.

연두　지금의 활동도 크게 달라지지 않았어요. 그때 방향을 잘 잡아놔서 활동 내용이 싹을 틔운 거죠.

다래　활동자료집 첫 페이지에 들어 있는 도식들도 그때 만든 거잖아요. 그러면서 우리의 정체성을 시각화하기도 하고요.

연두　우리가 나눈 얘기가 디자인으로 만들어지니까 신기하고, 활동들에 이름 붙이는 것도 재밌었어요. '온동네공부회오리' 같은 거 너무 신박하잖아.

소피아　길동무라는 이름도 그때 만들었지.

연두　'슬그머니' 공연 보다가 생각해낸 거야.

다래　조력자라는 말이 참 싫잖아요. 그때는 온통 머리에 사부작만 있었지, 불안함 같은 건 없었던 것 같아요. 하고 싶은 것만 바라보면서 무작정 달려가는 시기였죠. 지속 가능성이나 발전에 대한 걱정도 없었던 것 같아. 특히 아름다운재단 사업에 선정되면서 우리가 이 작은 모임을 더 크게 키울 수 있겠구나 하고 자신감이 생겼지. 공증받은 느낌이랄까요.

타잔   아름다운재단에서도 우리가 짧은 시간 내에 공간을 구할 만큼의 힘이 있다고 생각했겠지. 우리가 공모사업 최종 선정 과정에서 사업계획을 발표하면서 그런 말 했잖아. "이 마을에서 마음껏 놀아보고 저질러보겠다. 언제든 손을 뻗으면 귀 기울여 들어주는 사람들이 있는 곳에서 청년들과 할 수 있는 것들을 해보고 싶다. 이 사례를 각각의 지역에서 할 수 있게 되면 좋겠다." 이 말이 먹혔다고 생각해요.

다래   나도 여러 재단에서 지원금 사업을 많이 해봤지만, 아름다운재단 인큐베이팅 지원사업은 정말로 원하는 걸 할 수 있게 도와주잖아요. 실질적으로도 효과가 있었고 과정도 감동적이었어요.

소피아   아름다운재단에서 중간점검 나왔잖아요. 나는 점검이라고 해서 서류를 보는 건 줄 알았는데, 그게 아니었지.

다래   정말로 자리를 잡게 해주려고 온 거였죠.

소피아   사업을 하면서 어려운 일이 있는지 들으러 온 거지.

연두   아름다운재단에서 연속심사를 하잖아요. 준비 기간도 심

사하고 1년차, 2년차, 3년차에도 심사가 있었죠. 심사위원
들이 날카로운 질문을 던지기도 하고요. 돈만 주는 게 아
니라 정말 함께 고민하는 느낌이었어요. 인큐베이팅 지원
사업 덕분에 원 없이 이것저것 해봤죠.

다래 그때 아름다운재단을 못 만났으면 이렇게 단시간 내에 자
리를 잡기가 어려웠을 거야. 자조모임처럼 마을 단위에서
끝났을 수도 있다는 생각이 들어요.

춤추고 노래하며 활동하자

연두 활동을 하면서 좋았던 걸 이야기해볼까요?

다래 여러 행사에 초청받았던 게 굉장히 즐거웠어요. 공연 요청
이 많이 들어왔는데, 우린 발명가처럼 새로운 형태들을 만
들어냈잖아요. 사부작을 소개하고, 차니가 시를 읽고, 우
리가 춤을 추면 사람들은 호응을 해주고요. 덕분에 에너지
를 많이 얻었죠. 그런 과정이 무척 의미가 깊다고 생각해
요. 우리가 원하던 확장성을 이룬 거니까요.

소피아 '사부작뮤직' 활동이 정말 좋았어. 〈운동〉 노래에 유예가
안무를 만들어줘서 같이 연습했던 생각이 나네요.

다래 온 마을을 다니면서 뮤직비디오도 찍었죠. 행사에 우릴 부
른 사람들은 단순하게 즐거운 한 꼭지가 필요해서였을 수
도 있지만, 사실은 그런 방향성에 대한 수요가 있었던 거

죠. 그래선지 그때 공연을 엄청 다녔고.

소피아　집회에 가서 삭발한 엄마들하고 같이 춤도 췄죠.

다래　그런 집회와 공연 현장에 깔려 있던 즐거운 방향성에 대한 욕구가 바로 사부작이 등장할 수 있게 해준 배경이 아닌가 싶어요. 너무 처절하게만 하는 캠페인은 싫단 말이죠.

타잔　말로만 캠페인을 하는 게 아니고 호기롭게 몸으로 가서 해주는데, 전문적인 액션이 아니라 엉망진창 몸짓으로 춤 추고 방실방실 웃으면서 했지.

연두　그렇게 공연하기 위해 엄청 연습했잖아요. 익환이(익스)가 우리 매니저 역할을 톡톡히 했지. 익환이는 사부작청소년 이었는데 절대음감의 소유자라 음 이탈 하나도 허용하지 않았지. 익환 매니저에게 엄청 혼났어요.

타잔　맞아. 익환이한테 하드트레이닝 받은 경험도 참 재미있 었어.

우리 모두의 운동

타잔　함께 수다 떨고 욕하고 웃으며 활동했지만, 발달장애인 지 원대책을 요구하는 집회 현장에서 삭발 투쟁도 했잖아요. 삭발한 사람은 당사자의 부모인 소피아, 달님이었고, 나는 그 곁에서 가방을 들고 있었는데 마음이 좋지 않았어요. 어느 자리에선가 내가 그 얘기를 했는데, 한 엄마가 내 손을 잡고 자기도 직장 때문에 직접 삭발을 못 하고 아이 머리카락을 깎았다고 말하는 거예요. 처음 본 사람인데 왜 나한테 마음을 털어놓나 싶었어요. 집회 현장의 당사자 부모들은 나를 보면서 '비장애 부모가 왜 함께 싸우지? 오지랖이 넓은 양반인가 보다' 생각했대요. 비장애인 엄마도 함께할 수 있다는 걸 날 보고 알았다는 얘기도 들었죠. 그럼 나도 다른 곳에 연대할 수 있겠구나 싶은 생각이 들어서 한 달에 한 번은 세월호 활동에 연대하고 싶다고 마음을 전한 사람도 있었어요.

연두 　장애 부모들 사이에서 타잔이 유명하고, 타잔 보면 정말 반가워하셨잖아요. 기본적으로 집회 현장에 비장애 부모가 없으니까. 다 당사자 부모들이지.

타잔 　부모연대에서 아직도 나를 찾는 분들이 있다더라고요. 요즘은 꽃다지를 보면서 반가워하실 것 같아.

꽃다지 　저는 먼저 물어오지 않는 이상 장애 부모인지 비장애 부모인지 잘 이야기 안 해요. 작년에 소피아가 두 번 삭발할 때 옆에 있었는데, 타잔하고 비슷하게 느꼈어요.

타잔 　나는 일부러 밝혀요.

다래 　그럼, 밝혀야지. 밝히면 더 좋지.

타잔 　장애인의 문제가 당사자나 부모만의 문제가 아니고, 다른 사람도 관심을 가지고 연대하고 있다는 걸 전하고 싶어.

전에 여의도 이음센터에 갔는데 사부작에서 했던 활동이 기억나더라. 비정규직, 성소수자, 장애인, 어떤 문제든 당사자 홀로 싸워서는 되질 않잖아요.

지난주엔가 한 당사자 부모가 똑같은 얘기를 하셨어. 자기 지역에 보면 그런 연대의 마음을 가진 사람들이 많다고. 가는 데마다 내가 해드린 이야기를 하고 다닌다고. 그래서 나는 얘기할 필요가 있다고 생각해. 나도 부모고 연두도 부모잖아. 단순히 일을 하는 게 아니라 같이 운동을 하기 위해 들어온 분들이잖아. 우리는 운동을 하는 단체야. 비록 바빠서 집회에 많이 참여는 못하지만 우리가 하는 활동 자체가 운동이라고 생각하잖아. 그런 자부심을 가지고 같이하고 있다는 게 무척 자랑스러워요.

우리는 지속 가능하다

꽃다지 아름다운재단 지원사업 이후에 활동비 마련을 위해 여러 공모사업에 지원하고 있어요. 작년에는 어디 지원만 하면 다 떨어지는 거예요. 전 다른 단체에서 일할 때 공모사업에 떨어져본 적이 없는 사람이라 사부작은 왜 이렇게 족족 떨어지나 싶었어요. 그러다가 올해는 공모사업이 네 개나 선정됐어요. 마포다정한재단의 '다정한 기금'을 버블버블텍 사업으로 받았고요, 우분투재단에서 옹호가게프로젝트

사업비를 지원받았고, 한국장애인문화예술원에서 미디어오페라 '동물왕국'하고 훌라춤 동아리 두 활동에 대한 사업비 지원을 받았어요. 올해는 엄청 바쁠 것 같아요.

다래 　작년 말에 올해는 여러 가지 사업을 하자고 생각했었는데 실제로 이루어지니까 됐다, 우린 이제 지속 가능하다는 생각이 드네요.

소피아 　정말 좋은 소식은 놀러 다닐 수 있다는 거지요. 장애인문화예술원 동호회 사업은 훌라춤을 추면서 다른 지역으로 가서 워크숍하고 지역 사람들을 만나는 것이거든요. 작년에 노드 트리 예술가들과 마카롱과 냐옹이가 작업해서 미디어오페라 공연을 했잖아요. 올해도 그분들이 청년들의 미디어오페라 작업을 지속 확장하고 싶어했어요. 올해 주제는 이미 냐옹이가 '동물왕국'으로 정했고 그걸 바탕으로 노드 트리 분들이 기획을 하게 되었지요. 성미산마을극장 '수다' 팀하고 사부작청년들이 서울에서 워크숍을 진행해서 그 결과물을 성미산 마을극장에서 한 번 공연하고, 국립부여박물관 사비마루에서 공연해요. 부여에서 공연할 땐 부여 예술가들이 참여하고. 우리도 가서 즐길 수 있으니 정말로 기대가 돼요.

다래 　이제 지속 가능성이 보이네요. 아름다운재단 지원사업 3년이 끝나가면서 불안했었는데, 소피아가 카카오재단에

서 각 분야의 '사회혁신가'를 선정해 지원하는 프로젝트
인 '카카오임팩트 펠로우'로 선정이 되면서 우리가 이렇
게 인정을 받는구나 하는 생각을 했어요.

소피아 나도 그 생각이 들었어. 우리가 인정받는구나, 몇 년 이 사
업을 계속하면서 우리 활동이 좀 더 풍부해졌나 보다 싶
은 생각이 들어서 좋더라고요.

다래 우리는 지속 가능하다, 자신감을 가지고 하던 대로 하면 된
다, 우리가 가면 길이 될 것이다, 그걸 증명받은 것 같아요.

연두 다래나 타잔은 함께 활동하다가 이사를 맡게 되었잖아요.
위치가 달라지면서 사부작을 이전과 조금 다른 관점에서
보게 되었나요?

타잔 마포희망나눔에서도 하던 얘기인데, 안에 있을 때는 '우
리가 이렇게 열심히 하는데 왜 사람들이 관심이 없을까'
라는 생각을 많이 했어. 그런데 밖에서 보니까 우리가 해
온 활동에 대해 알리는 일이 부족했더라고요. 지금은 꽃
다지가 그 역할을 열심히 하고 있지. 꽃다지는 마을 단위
의 활동을 오랫동안 해왔고, 사부작 얘기를 가는 데마다

• 카카오임팩트 펠로우십의 소피아 인터뷰 영상

해요. 사실 우리가 아무리 열심히 해도, 활동가들 사이의 네트워크는 자신들의 활동을 홍보하기 바쁘지 다른 곳의 활동을 홍보해주지 않아. 그래서 무엇보다 홍보 방법을 더 고민해야 할 것 같아요.

다래 나는 사람들한테 소피아가 카카오임팩트에서 인터뷰한 영상 링크를 돌려요. 그런 영상을 우리가 계속 만들어야 돼. 브로셔보다는 짧고 번듯한 유튜브 영상이 필요해요. 자연스럽게 인터뷰하면서 만들면 좋을 것 같아요.

사부작이 이끌어낸 마을의 변화

연두 사부작이 마을의 변화를 만들었다고 생각하시나요? 사부작이 만들어져서 활동을 한 이후에 마을에 어떤 변화가 생겼을까요?

타잔 사부작 이후에 마을 주민들이 장애와 관련해서 궁금한 것들을 사부작 활동가들에게 묻기 시작했죠. 마을 행사도 다 바뀌고요. 기획 단계부터 장애 청년들이 함께할 수 있는 것을 고려하게 되었어요. 발달장애청년들이 참여하는 게 당연해졌고, 마을 운동회 같은 행사에서도 우리 청년들과 같이할 수 있는 프로그램을 만들고요. 그런 것들이 다 사부작에서 시작됐다고 생각해요. 모든 모임에 가서 우리 사부작이 당당하게 요구하여 만들어낸 거죠.

다래   마을 행사에 장애 꼭지가 있었는데, 장애 꼭지가 아니라 '함께하는' 것으로 변화하고 있다는 게 무척 발전적이에요.

꽃다지   길에서 사부작청년들 얼굴을 아는 사람이 많이 늘어서, 얼마 전에는 풍물패 '살판' 청년들하고 같이 밥 먹는 모임을 만들었어요. 한 달에 한 번 모이기로 했는데, 마을에 만날 사람들이 참 많구나 하고 느꼈어요. 지금 성미산마을을 연구한다고 들어와 있는 하루도 그 얘기를 하더라고요. 이렇게 장애인을 많이 볼 수 있는 마을이 드물다고. 장애 당사자 부모님이 사부작을 방문해서 사부작청년들이 동네에서 이렇게 자유롭게 돌아다니는 것만 해도 너무 부럽다고 했던 말이 생각나네요.

다래   우리의 변화 중에 눈에 띄는 게 차니의 변화예요. 차니가 공연에 임하는 자세가 점점 변해가고 있잖아요. 지금은 스스로가 주인공이 되어 즐기죠.

소피아   차니는 다 참여하고 싶어 해. 오늘 여기 오려는 것도 말렸어요.

다래   공연을 앞두고 다친 차니가 참는 모습을 보고 감동을 많이 받았어요. 사부작의 성장을 말할 때 사부작청년의 성장도 함께 이야기해야 하죠.

소피아   차니나 마카롱이나 익스나 전부 성미산학교에 다녀서 마을에서 익숙한 얼굴들이죠. 최근에 생긴 좋은 변화는 혜정처럼 성미산마을 밖의 분들이 와서 마을 활동에 참여하고 이 마을을 휘젓고 다닌다는 거예요.

꽃다지 아는 사람이 많아졌어요. 혜정이나 냐옹이나 마을에서 훌라댄스 공연을 많이 해서 알아보는 사람이 많아요. 냐옹이가 더 적극적으로 인사하고, 우리 동네 사람들은 그걸 다 받아주고요.

소피아 다 받아주는 분들은 '초급'이고 불편한 걸 이야기해주는 '고급' 과정 사람들도 있어야지.

다래 맞아요. 초급자들은 불편하다고 말 못 해. 그것 자체가 배제라고 생각하기 때문에. 마을 전체가 그렇게 성숙해져야지.

타잔 그래 맞아, 더 자연스럽게. 장애 청년들과 마을에서 같이 지내려면 지나갈 때 반갑게 인사를 하면 된다고 생각했어요. "차니, 안녕!" "피아노, 안녕!" 하고, 피아노가 "누구야?" 하면 "나 타잔이잖아" 대답하고. 그런 게 같이 어울려 사는 거라고 생각했는데, 이젠 그게 아니에요. 청년의 취향을 알고, 지금 가만히 있는 게 좋아서 그런 건지 뭔가 불편해서 그런 건지 세세한 부분을 알아채고…. 이런 것들을 알게 되는 게 바로 같이 사는 거죠.

다래 사실 사부작 이전에도 성미산마을 사람들은 장애인에게 온정적인 편이었어요. 성미산마을은 태생적으로 통합 환경을 지향하니까요. 사람들 모두 마을의 발달장애 어린이, 청소년, 청년들에게 친절했어요. 하지만 그들을 시혜의 대상으로 생각하는 경향이 있었던 것 같아요. 시혜라 해서 대단한 건 아니고, 불편을 기꺼이 감내하거나 참아주는 분위기 같은 거 말이죠.

그런데 사부작 이후엔 마을 사람들이 먼저 다가오는 일이 많아진 것 같아요. 길에서 만난 청년들에게 인사를 건네고, 청년들이 할 수 있는 일을 찾고, 함께 무언가를 하자고 제안을 해오잖아요. 장애인들을 대상화하는 관점에서 벗어나려는 움직임이 태동하고 있는 거죠. 물론 변화는 더디고 과도기는 길겠지요. 그래도 마을 사람들이 스스로 인지하고 노력하고 있다는 자부심을 동력으로 꾸준히 성장할 거라고 생각해요. 큰 변화는 사부작이 아니라 마을 사람들이 만들어갈 거예요.

타잔   장애, 비장애를 아우르는 마을 행사 기획은 당연한 것이 되었고, 사부작청년들이 길동무들과 활동하기 위해 몰려다니는 모습도 제법 자주 볼 수 있게 되었지요. 성미산학교 위주가 아니라 마을 사람들과 함께하는 활동이 많이 생긴 것이 반가워요. 길동무의 폭이 넓어지고 깊어지는 것이 느껴져요. 예전엔 사부작 활동가들이 알음알음 조직하는 방식이었다면 지금은 외부에서 청년들과 해보고 싶은 것을 제안해와요.

소피아　사부작 활동으로 차니와 난 마을과 접점이 정말 많아졌어. "정찬 씨, 공연 잘 봤어요"하고 인사를 건네거나, 마을 축제에서 사부작의 '운동' 공연이 너무 신났다고 해주지. 무심코 산책하던 길에 "머핀 만들어주는 형이다!"하며 아는 척하는 아이들도 있어요. 오토바이를 타고 점심을 배달하던 옹호가게 주인장 행복이는 멀리서 목청 높여 "이정찬!"불러 젖히지. 소소하게 일상을 보내면서 우리가 마을에서 함께 살고 있다는 걸 느끼는 순간이지요.

꽃다지　아직 부족하긴 하지만, 장애·비장애 함께 어울려 더 많은 일상을 누리는 마을이 되었으면 좋겠어요. 사부작이 함께 하는 일이 많아지면서 또 다른 인연이 연결되고 풍부해지는 게 바로 마을의 힘이죠. 얼마 전부터 소수자연대풍물패 '장풍' 청년들과 한 달에 한 번 점심을 먹는다고 했잖아요. 그러다 서울장애인권영화제에서 만났는데 어찌나 반갑게 인사를 하던지. 청년들끼리라서 그런지 이야기를 많이 나누지 않아도 서로 잘 통하더라고요. 그 청년들이 이번 단오굿에 사부작청년들의 홀라춤 공연을 요청해왔어요. 계속 새롭게 만들어지는 관계가 흥미롭고 좋아요.

연두　사부작을 계기로 장애 관련 이슈를 마을 단위로 얘기할 중심축이 생겼달까. 장애·비장애 통합교육만 하더라도 어린이집, 학교, 방과후 각 단위 안에서만 고민해왔는데 함께 머리를 맞대게 되었고요. '발달장애와 마을포럼'이 큰 역할을 했고, 이어진 '어울렁공부모임'에서도 마을 교사들이 함께 공부하면서 서로의 고민을 얘기하게 되었죠. 특히 장애 아동이 합류하지 못했던 마을방과후가 장애·비장애 통합교육을 시작하고, 사부작이 지원을 한 점은 큰 변화라 할 수 있어요.

사부작으로 변화된 삶

연두 사부작 이후에 각자의 삶도 좀 달라졌을까요?

다래 저는 사부작 이후 마을에서의 삶을 구체적으로 그려보게 되었어요. 선배들과 긴밀하게 연결되고 청년들과 함께 보내는 시간이 늘어나면서 가능성의 크기를 가늠할 수 있게 된 것 같아요. 뜻과 믿음을 갖고 마음을 모으면 우리가 상상하는 것보다 더 큰 일을 해낼 수도 있다는 가능성을 보았으니까요. 꿈을 꾸면 이루어진다는 걸 경험하고 있습니다. 아직 막연하지만, 마을에 익스의 둥지를 만들 생각을 하고 있어요. 사부작이 아니었다면 아마도 여기보다 집값싼 동네로 이사 갈 계획을 세우고 있을지도 모르겠네요.

타잔 예전에 옹호가게 인터뷰를 하며 만난 다소 무뚝뚝해 보이던 분이 몇 년 동안 조용히 한 청년을 위해 가게 한쪽 자리를 남겨두었던 일이 있었어요. 만약 사부작을 하지 않았다면, 옹호가게프로젝트를 하지 않았다면 평소 상냥하진 않더라도 우리 주위에 다정하고 따뜻한 마음들이 많이 있다는 것을 몰랐겠죠. 그저 조용히 묻힐 수 있었던 많은 이야기를 나눌 수 있어 너무 좋았어요. 요즘처럼 장애인 정책이 지지부진하고 세상이 팍팍해 아무런 힘이 나지 않을 때, 사부작 이웃들과 청년들의 이야기를 들으면 좀 더 힘이 나요.

소피아 맞아요. 그런 이야기를 더 많이 발굴해야 할 것 같아요. 이전엔 발달장애인의 일상을 고민하는 일이 온전히 당사자 부모의 몫이었다면, 사부작 이후로는 고민을 나눌 사람들과 공간이 마을에 생겼다는 게 큰 변화죠.

꽃다지 얼마 전에도 한 활동지원사가 이용자와 이용자 부모 사이의 갈등에 대해 상담하고 싶다고 연락한 적이 있었어요.

소피아 맞아. 사부작이 소통의 공간이 되고 있죠. 누구라도 발달장애에 관해 의논하고 싶을 땐 사부작을 찾아오잖아. 발달장애인 당사자와 가족 그리고 활동지원사까지 마을에서 지지받고 고민을 나눌 관계망이 있다는 사실이 삶에 큰 변화를 가져올 수 있어요. 나도 사부작을 중심으로 한 관계망이 없었다면 마을에서 고립되어 지내고 있을 거야. 이젠 마을 곳곳에 사부작청년들이 환대받으며 들를 곳이 많

263

아졌지. 사부작과 네트워크하는 단체들과 옹호가게는 물론이고 커피를 좋아하는 청년이 성미산학교도 가고 살판도 가서 마시니까요.

꽃다지 물론 달랐겠지요. 전 다른 마을 일을 하고 있었을 거예요. 제 꿈이 마을에서 죽을 때까지 사는 거니까요. 그전까지는 도시 안에서 지속 가능한 전환 마을을 만드는 일을 하고 싶었으니까 아마 뭔가를 계속하고 있었을 거예요. 다행히 사부작에서 좋은 동료들과 청년들을 만나 많이 배우면서 행복하게 일을 하고 있죠.

성미산마을에 사부작이 없었다면 지금처럼 어린이집, 방과후학교, 학교에서 통합교육을 하는 의미가 빛을 발하지 못했을 거예요. 이곳은 '한 아이를 키우기 위해서는 온 마을이 필요하다'는 정신을 바탕으로 시작된 곳인데, 고등학교까지만 마을이 필요한 건 아니잖아요. 우리가 30년 가까이 마을공동체를 만들고 돌봄, 교육 등에 관해 많은 실험을 하고 있는 건 돈이 아니라 관계나 사람으로 해결하는 방법을 찾기 위해서예요. 마을의 역사에 비하면 오히려 장애인 관련 활동은 좀 부족하다는 생각도 들어요.

연두 학교를 그만둔 해 사부작을 만들었어요. 만약 사부작이 꾸려지지 않았다면 마을 밖에서 일자리를 알아봤겠죠. 사부작 덕에 저도 많이 성장했어요. 장애운동이 마을 만들기나 교육 개혁, 삶의 전환과 무관하지 않다는 사실을 사부작 활동을 하며 배웠거든요. 아마 마카롱의 일상도 많이 달랐을 듯해요. 모던양파를 뺀 마카롱을 상상할 수가 없으니까요. 마을의 모습도 달랐겠죠, 연두가 덜 출몰하는? 하하. 확실한 건, 사부작이 없었다면 발달장애청년들이 마을을 돌아다니는 일이 더 적었을 거란 점이죠.

활동의 어려움

소피아 가장 어려운 건 1동 1사부작이에요.

꽃다지 다른 지역에서 사부작 이야기 들으면 다 좋다고는 하시는데 엄두를 못 내시더라고요.

다래 성미산마을 같은 인프라를 갖추기가 쉽지 않지.

소피아 그게 되려면 어떻게 해야 할까?

연두 예전에는 '발달장애청년허브 어울림', '발달장애청년허브 더울림' 같은 모임으로 시작해서 지역과 긴밀하게 연결하는 단체를 구상했다면, 이제는 복지관이든 자조모임이든 우리 활동을 하나라도 차용해 가서 지역과 연결하는 활동이 많아졌으면 좋겠다고 생각해요. 그런 움직임을 우리가 자극해주는 역할을 계속해야 할 것 같아요.

꽃다지 장애인부모연대는 지역별로 있잖아요. 장애인 당사자들과 부모님들하고 인터뷰를 해보니까 다들 지역에 단골 가게가 있더라고. 당사자들을 지지하고 응원해주는 이웃들도 있고. 그분들의 공통점은 한 지역에 오래 산 분들이란 거지. 그렇게 살아야 한다고 생각을 하서. 장애인부모연대와 사부작이 협력해서 뭐든 같이 해보면 참 좋겠다는 생각이 들어. 비장애 주민들과 처음부터 뭔가를 같이 하기는 어려우니까.

소피아 관도 관심을 줬으면 좋겠어요. 돈이 있어야 활동도 이어나 가고 할 텐데 관심을 안 주니 일단은 안정적이질 못하지. 게다가 부모들이 그런 활동을 하려고 하면 '너네 협동조 합 만들어서 해라' 이런단 말이야. 사실 협동조합을 운영 해도 받는 지원은 별로 없어요.

꽃다지 관이 장애인에 대한 인식을 바꾼다고 사업을 위한 사업을 진행하잖아요. 실제로 자기가 사는 지역에서 그 지역 발달 장애인들이 살아가는 데 필요한 사업을 했으면 좋겠어요.

다래 그게 옹호가게가 될 수도 있고 아니면 다른 모델이 될 수도 있고, 우선은 부분적으로 실험을 할 수 있게 지원해야지.

연두 돈이 필요해요. 활동가가 뼈를 갈아 넣는 활동은 한계가 있으니, 조직이 확장되고 안정되어야 해. 그래서 내가 10 억 단위의 돈을 원하는 거야.

소피아 다른 지역에 몇 군데라도 생겼으면 좋겠어요. 처음에 우 리가 성냥 가지고 불붙였을 때의 에너지를 다른 곳에서도 보고 싶어요.

사부작의 미래

연두   사부작의 미래를 좀 상상해볼까요? 사부작이 미래에 어떤 모습이면 좋겠어요?

다래   사부작이 성미산마을 사부작이 아니라 아름다운재단 같은 큰 재단이 되면 어떨까 생각해봤어요. 사부작은 자조모임이 아니잖아요. 보다 전문적인 운영 체계와 인력을 갖췄으면 좋겠어요. 그러려면 활동가들에게 안정적인 직장이 되어야 하고, 지원을 끌어와야 하고, 후원금도 영업해와야죠. 우리끼리 즐기는 사부작 작은축제 외에 완전 재미있고 신나는 사부작 대축제를 만들어보면 어떨까요? 장소는 서울시청 앞 잔디광장을 추천합니다!

타잔   초기에 비하면 지금 사부작은 하고 있는 활동이 많아져서 미처 다 알리고 정리하기 벅찬 면이 있죠. 좀 더 안정적으로 활동할 수 있는 활동가들이 많아지고 공간도 더 잘 구분하면 좋을 듯합니다. 사실 현재 사부작은 위치는 좋은데 공간이 많이 좁죠. 무엇보다 안정적으로 활동을 계획하려면 기금이 단발성으로 운용되지 않아야 하는데, 이건 전문적인 도움을 받아야 할 것 같아요.

연두   지금 사부작 공간은 낡아서 5년쯤 지나면 재건축 얘기가 나올 것 같아요. 정말 안정된 공간이 있으면 좋겠어요. 사부작이 마당이 있는 집을 사면 정원 관리를 하고 싶어요.

소피아 마을의 관심이 이전보다는 확실히 높아졌으니, 앞으로는 마을 돌봄의 영역을 발달장애인의 노동과 주거를 포함하는 것으로 확장할 수 있게 사부작이 역할을 해야 한다고 봐요. 그동안의 마을 돌봄이 아동과 노인에 집중되어 있었다면, 이젠 사부작과 협력해서 장애로도 확장해야 할 때가 된 거지. 그러려면 우선 우리가 그런 역량을 갖추고, 마을에서 같이할 활동가들을 키우는 게 큰 과제예요. 또 지자체의 지원과 협력도 얻어내야 하고. 일단은 후원회원 모집부터 시도해봅시다.

꽃다지 1동 1사부작이 실현되는 모습을 보고 싶어요. 길동무 리스트가 쫙 있어서 장애인들과 함께하는 활동이 더 많아지면 좋겠어요. 장애·비장애 공동주택 같은 것도 있으면 좋겠고요. 거기서 청년들이 살면서 공공시민노동으로 월급도 받으면 좋겠어요.

연두 그래요. 마을형 공공일자리로 사부작청년들이 임금을 받으며 마을 활동을 했으면 좋겠어요. 월급 받는 날 성미산 알루에 모여 맥주 한잔하는 사부작청년들을 상상해보곤 해요. 5년 안에 그런 풍경을 볼 수 있도록 달려봐야죠. 좀더 젊은 활동가들이 합류하고 운영비 걱정도 덜 수 있게 후원회원이 많이 있으면 좋겠어요. 수백 명 단위로요. 각자 5년 후의 사부작을 어떻게 상상하시나요?

꽃다지 나는 일단 5년 후, 10년 후에도 소피아가 건강했으면 좋겠어요.

소피아 혼자 1박 2일 여행가고 싶어. 소피아 혼자 여행 보내기 프로젝트 합시다.

연두 안 그래도 올해 환갑잔치를 그걸로 해주려고 궁리하고 있어요.

다래 나는 네이버에 '사부작'을 검색하면 우리가 바로 떴으면 좋겠어. 사부작이라는 워딩 자체를 바꾼 단체가 되고 싶어요. 대한민국 모두가 아는 사부작! 10년이면 인생을 바꾸기에 충분한 시간이라는데, 5년 안에 그럴 수 있게 더 많이 활동해야죠.

꽃다지 올해 우리가 시작하려고 하는 사업이 공공시민노동이라고 부르는 권리중심 일자리예요. 지금 사부작청년들의 마을 활동을 노동으로 인정받게 하는 것, 이걸 지역 주민과 같이 고민하고 싶어요. 청년들이 자립하려면 주거도 자립하고 경제적인 자립도 해야 하는데, 그런 모델이 5년 후에는 한 청년이라도 있으면 좋겠어요.

다래 지원 주택 사업도 준비하나요?

소피아 작년에 민달팽이랑 함께 시도했는데 선정이 안 됐어요. 정말 5년 뒤엔 우리도 자립 지원 주택이 하나 있었으면 좋겠어. 사부작에서 짧은 시간 지내는 것과 이 동네에서 사는 것은 다르잖아요. 청년들이 마을 안에서 이웃과 관계를 맺으면서 도움을 주고받는 진짜 삶의 네트워크를 이뤘으면 좋겠단 생각을 해요. 사실 우리가 지금 하는 공연이나 일상적인 마을 활동, 옹호가게프로젝트 같은 것이 모두 네트워크잖아요. 5년 안에는 한 사람이라도 여기 살면서 동네 사람들이 그 사람의 삶에 관여하고 지원하고 같이 어울려서 사는 모델이 꼭 만들어졌으면 좋겠어요.

못다 한 이야기

타잔   사부작에 가면 언제나 기분 좋은 일이 생겨요. 청년들의 엉뚱한 행동에 웃기도 하고, 멋진 길동무들과 활동하는 모습도 보고, 맛난 간식도 얻어먹고…. 그렇게 일단 가기만 하면 늘 좋은데, 문득 들어서기가 어려울 때가 있어요. 관계자(?)인 나도 그런데 마을 이웃들이나 친구들은 더 어려울 테죠. 힘드시겠지만 자주 말 걸어주고 초대해주면 재밌고 멋진 일들이 더 많이 생기지 않을까 해요.

소피아   마포장애인복지관 방과후 청소년들이 마을을 탐방하고 싶다고 사부작을 찾아왔었잖아. 이후에도 복지관을 이용하는 발달장애 청소년들이나 아동들과 지역 주민을 연결하는 데 사부작의 도움을 청하곤 했고. 그래서 마을의 제비꽃과 가지와 만나 베이킹도 하고 훌라춤도 췄지. 옹호가게프로젝트도 같이 하고. 사부작 같은 발달장애 허브가 곳곳에 있다면 이렇게 복지관이 허브와 협력해서 하는 지역 연결 활동이 활발해질 거야. 이 부분을 우리가 잘 정리해 널리 알려봅시다.

연두   고마운 사람들이 참 많아요. 사부작 초기 멤버들부터 사부작 만드는 데 일조한 마을 분들, 지인들. 초반에 길동무가 되어준 항아리, 호찬, 요다, 미찌, 유예. 계좌도 트기 전에 후원회원이 되고 싶어 했던 1호 후원회원 쿠키. 차 마시러 왔다가 대뜸 요가를 같이 하고 싶다던 샨티. 아름다운재단 지원서 쓸 때 코멘트해주신 삐삐, 쟁이. 선뜻 운영위원이 되어준 수다, 에리카, 도깨비, 아마니, 알루, 시냇물, 오렌지, 숯쟁이, 비우…. 초창기만 돌아봐도 이러니 다 꼽아보면 수백 명쯤 될 것 같아요. 모두에게 고맙다는 이야기를 꼭 전하고 싶어요.

작가의 글

안녕하세요. 사부작 기록을 함께한 홍세미라고 합니다.

2022년 5월, 사부작 기록 작업을 위해 사부작 활동가, 아름다운재단 담당자와 처음 만났습니다. 그 자리에서 공통적으로 나온 의견은 사부작의 사람들이 잘 드러나는 이야기로 채워지면 좋겠다는 것이었습니다. 그렇다면 이 책은 초기 기획 의도를 잘 담은 것 같습니다. 사부작 청년과 활동가, 길동무들의 이야기로 채워져 있으니까요.

첫 번째 장에는 사부작 청년들의 이야기를 담았습니다. 초기 사부작을 이용하던 청년들은 성미산학교 졸업생들이었지만, 지금은 성미산마을 인근에 거주하는 청년들로 확대되었습니다. 청년들의 이야기는 가까운 사람들이 기록해주었습니다. 차니 글은 소피아, 마카롱과 냐옹이 글은 꽃다지, 피아노와 준하의 글은 연두, 혜정의 글은 석류가 썼습니다. 청년들과 일상을 함께하는 분들이 기록해주었기 때문에 청년들의 생활이 선명하게 잘 담긴 것 같습니다.

두 번째 장에는 사부작 활동가인 소피아, 연두, 꽃다지의 이야기를 기록했습니다. 활동가들이 경험한 사람과 사람의 연결, 단체와 지역의 연결에 관한 이야기를 듣다 보면 그 과정에서 겪은 보람과 좌절이 오롯이 느껴집니다.

세 번째 장에서는 사부작 길동무들을 만날 수 있습니다. 길동무들은 사부작에 대한 애정이 넘치는 이들입니다. 단단하고 깊은 목소리로 사부작 활동가들에 대한 염려를 털어놓던 사이다는 사부작청년과 함께하는 노년을 생각하는 분이었습니다. 오다의 이야기에는 사부작 청년과 단둘이 떠난 여행기를 실었어요. 장애인이 살기 좋은 마을이 여성인 자신도 살기 좋은 마을이라고, 자신을 위해 사부작이 마을에 더욱 잘 자리 잡길 바란다는 마음을 전해준 가지, 동생과 엄마에 대한 마음과 피플퍼스트에서의 경험을 나누어준 유예, 인터뷰 내내 사부작에 대한 사랑을 고백하던 자칭 후원회장 메리, 혜정과 더불어 합정동 사부작을 꿈꾸는 석류, 사부작청년들과 버블버블텍에서 추는 춤이 가장 즐거웠다는 뀅의 이야기도 들을 수 있습니다.

마지막 장에는 사부작의 시작을 같이했던 소중한 사람들, 사부작을 함께 만든 전현직 활동가들의 수다회를 정리해서 실었습니다. 이 수다회에는 마포구로, 대구로, 홍성으로 적극적으로 연결을 확대해가는 이야기와 사부작의 미래에 대한 바람도 담겨 있습니다.

지난 1년 동안 인터뷰를 하기 위해 사부작 사무실을 수차례 찾았습니다. 아이디어뱅크이자 기획자인 활동가 연두는 항상 맛있는 커피를 내주며 씩씩한 표정과 따뜻한 목소리로 청년들과 함께한 여러 현장의 이야기를 들려주었습니다. 걸어 다니는 사부작 배너인 활동가 꽃다지는 자신의 이야기를 할 때는 조심스럽게 머뭇거리다가도 청년들 이야기를 할 때는 목소리가 점점 커졌어요. 꽃다지가 전해준 청년들과 마을에 대한 이야기를 저도 오래 기억할 것 같습니다.

소피아와는 네 번이나 인터뷰를 했답니다. 마지막 인터뷰를 하던 날도 사부작 사무실은 언제나처럼 따뜻하고 정겨웠습니다. 만나기로 한 시간에 1분도 틀리지 않게 소피아와 정찬 씨가 사무실에 도착했습니다. 여러 번 얼굴을 본 사이라 정찬 씨도 제 인사를 반갑게 받아주었지요. 정찬 씨는 저를 보더니 소피아를 향해 "12시!"라고 말하며 인터뷰 끝나는 시간을 어김없이 확인해주었습니다. 소피아와 이야기하는 두 시간 동안 정찬 씨는 길동무인 부자소리를 기다리며 거실에서 혼자만의 시간을 보냈습니다. 정확히 12시에 인터뷰를 마친 우리는 셋이 함께 맛있게 점심을 먹었습니다. 인터뷰를 위해 보낸 그런 시간들이 제게 따뜻한 기억으로 남았습니다.

저는 2022년 초 인권기록활동가 동료들과 함께 지원주택에 거주하는 발달장애인 당사자분들의 이야기를 기록한 적이 있었습니다. 서울에는 적은 수지만 중증장애인시설에서 탈시설한 당사자분들을 위한 지원주택이 운영되고 있어요. 발달장애인 당사자분들이 지역사회에서 살기 위해서는 주택뿐만 아니라 이웃과 친구가 필요합니다. 관계를 맺는 일은 시간과 정성을 필요로 하지요. 당사자분들과 조력자분들은 지역과의 연결을 위해 많은 애를 쓰고 계셨어요. 저는 기록 작업을 하면서 지역사회에서 발달장애인 당사자분들과 이웃이 되고 공동체를 이루어 어우러져서 살아가는 일에 관해 많은 생각을 하게 되었고, 그러던 중에 사부작 기록을 하게 되었어요. 사부작은 지역사회에서 발달장애인과 함께 살기 위한 다양한 실험들을 이미 하고 있었습니다. 길동무연결을 통해 우리와 이웃을 연결하고, 옹호가게프로젝트로 우리와 상점을 연결하고, 당사자분들이 다양한 예술 활동을 펼칠 수 있는 장을 마련해 우리의 삶이 더욱 풍성해질 수 있도록 지원하고 있습니다. 사부작과 같은 허브가 마을마다 있어서 사람과 사람이 연결되고 마을과 마을이 연결되는 상상을 해봅니다.

우리는 2022년 5월부터 2023년 8월까지 이 기록을 위해 수많은 회의를 진행하고 인터뷰를 하고, 고민과 염려를 나누고 다시 보완해서 인터뷰하고, 초고를 함께 읽으며 의견을 나누었습니다. 우리의 고민과 염려, 기대와 바람이 이 책에 잘 담겼기를 바랍니다. 기록을 위해 함께 애써준 사부작의 청년, 활동가, 길동무, 디자이너, 편집자께 감사하다는 말씀을 드리고 싶습니다.

2023년 가을
인권기록활동가 홍세미

부록

— 사부작이 걸어온 길 · 사부작 길동무 단체 · 사부작 응원하기 —

사부작이 걸어온 길

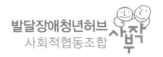

발달장애청년허브
사회적협동조합

2017년

12월 16일   사부작 출동식 '사부작 시작을 마을에 알리다'

2018년

3월 4일   사부작뮤직 음원 〈운동〉 발표

3월 25일   사부작 작은축제(후원바자회) '사부작 응원단 모여라'

3~12월   사부작청년 자조모임 '사부작 작은파티' 진행

7월 1일   사부작 공간 함께주택 1층 입주

9월 10일   '아름다운재단 변화의시나리오 공익단체 인큐베이팅 지원사업' 선정

9월 28일   다큐 영화 〈어른이 되면〉 온 마을이 함께하는 공동체 상영

10~12월   아름다운재단 변화의시나리오 공익단체 인큐베이팅 지원사업 준비기간 수행

11월 14일   사부작 오픈하우스

12월   장애, 비장애 청년 노래 모임 '합창' 코디네이팅 및 진행

                 사부작뮤직 〈운동〉 뮤직비디오 발표(청년유니온 명왕성 제작)

                 온동네공부회오리 '누구도 배제되지 않는 건강한 마을 만들기' 기획 진행

2019년

1~12월	아름다운재단 변화의시나리오 공익단체 인큐베이팅 지원사업 1년차 수행
	길동무연결 ─ 사부작청년과 이웃들의 동아리 활동 '합창', '샨티요가', '생활발효교실', '금요일엔 그림!', '사부작 작은파티' 진행
3~12월	사부작뮤직 음원 〈만화〉, 〈미크로케라투스〉, 〈닭〉, 〈콩이 있어〉, 〈누구야〉 발표
4월 6일	청소년 자원봉사학교 '발달장애인하고 놀아봤니?' 진행
4~6월	옹호가게프로젝트 '우리 마을 옹호가게' 영상 제작(성미산학교 포스트중등 '무경계 프로젝트' 팀 제작)
4~10월	온동네공부회오리 '이웃의 발달장애인과 어울려 살고 싶어요' 등 주제별 5회 기획 진행
4월 27~28일	대구 안심마을 탐방
5월, 10월	사부작에서 길동무와 1박 2일 지내기 '나홀로집에' 2회 진행

5월 25일	성미산마을축제에서 서부장애인복지관 '멋대로' 문화기획팀과 합동 공연
5월 31일~6월 1일	서울문화재단 주관 포럼 '같이 있는 가치' 강연 및 부스 진행
5~10월	성미산알루에서 (주)땡스앤컴퍼니 지원으로 사부작청년 그림 전시
6~11월	'버블버블텍'과 '비어버버블텍' 기획 진행
7~8월	개똥이네문화놀이터 방과후 학생들과 '공감 놀이터' 진행
10월 31일	2019 마포로컬리스트 컨퍼런스 이야기자리 '마을과 장애-연결의 힘' 포럼 개최
11월 27~30일	나고야 '왓파 공동체' 탐방 및 영상 제작(발달장애정보플랫폼 보다센터 지원)
12월 14일	양모그림 작가 김수진 10주년 전시 '안녕, 반가워!' 오프닝 행사 기획, 작품집 발간

2020년

1~12월	아름다운재단 변화의시나리오 공익단체 인큐베이팅 지원사업 2년차 수행
	길동무연결 — '합창', '샨티요가', '먹고보자', 그림 동아리 '모던양파', 옥상텃밭상자 가꾸기 모임 '우후죽순', '책 읽기 모임', '축하사절단', 장애ㆍ비장애 청년모임 '오랜만에' 진행
1월 10일	왓파 공동체 사이토 겐조 대표 사부작 방문
4~7월	옹호가게프로젝트 옹호가게 영상 및 옹호가게 리스트 제작
4~10월	온동네공부회오리 — 장애여성공감과 협력하여 '발달장애인의 성을 말한다' 진행
6월	옹호가게프로젝트 마포구 민관협치 지원사업 선정
8~12월	2020 마포구 민관협치사업 '장애와 함께하는 마을 만들기' 1년차 참여
10월 23일	지리산포럼 이야기자리 참여 '마을에서 만나는 장애 청(소)년'

발표

11월 25일　　　음반책 『운동해요, 운동!』 발간

2021년

1~12월　　　아름다운재단 변화의시나리오 공익단체 인큐베이팅 지원사업 3년차 수행

길동무연결 ― '모던양파', '먹고보자', '사부작비건쿠킹', '축하 사절단', '오랜만에'(온라인), '합창'(온라인), '화목일프로젝트', '사부작청년축제' 기획단 참여

1월 15일　　　음반책 『운동해요, 운동!』 출판기념회 진행(온라인)

3월 28~30일　　사부작 활동가 워크숍(제주 삼달다방)

4~11월　　　2021 마포구 민관협치사업 옹호가게프로젝트 1년차 진행

2021 마포구 민관협치사업 '장애와 함께하는 마을 만들기' 2년 차 참여

6~11월	2021 마포구 청년커뮤니티 지원사업 '사부작 청년모임' 진행
7~8월	개똥이네문화놀이터 방과후 학생들과 '2021 사부작 몸짓으로' 진행
7~12월	사부작뮤직 '새 구경 프로젝트' 진행
8월 9일	발달장애청년허브 사부작 사회적협동조합 설립
9월 2~16일	2021 발달장애와 마을포럼 '모두의 교육, 모두의 마을' 개최
11월 5~7일	'전시 100scene'(청년공간)과 사부작 공간에서 모던양파 작품 전시
12월 18~22일	'새 구경' 영상 발표회 및 모던양파 작품 전시(공간 곁)

2022년

1월 18일	사부작 이사회 비전 워크숍
1~12월	길동무연결 — '모던양파', '사부작비건쿠킹', '축하사절단', '오랜만에', '화목일프로젝트', '선사인아놀드홀라', '캠씨프로젝트'
2월 22일	2022 사부작 정기총회
4~12월	2022 마포구 민관협치사업 옹호가게프로젝트 2년차 진행
	2022 마포구 민관협치사업 '장애와 함께하는 마을 만들기' 3년차 참여
5월 28일	다큐 영화 〈이사〉 공동체 상영(성미산마을극장)
6월 30일	공익법인(기부금지정단체) 지정
8월 9~27일	개똥이네문화놀이터 방과후 학생들과 '2022 사부작 몸짓으로' 진행
	〈옹호가게송〉 안무 창작과 뮤직비디오 제작
8월 16일	성산종합사회복지관에서 모던양파 전시회와 〈이사〉 공동체 상영(일상적돌봄네트워크 협업)
9월 18일	미디어 오페라 〈오리마을 대모험〉 공연(부여생산소 협업, 서교스퀘어)

9월 29일	선샤인아놀드홀라 워크숍(평화공원)
10~12월	2022 발달장애와 마을포럼 '노동을 말하다' 개최
10월 20~21일	아름다운재단 공익단체 인큐베이팅 네트워크 워크숍 참여
11월 18일	골목길을 잇는 동네예술워크 '말랑말랑' 참여, 선샤인아놀드홀라 공연(마을예술창작소 공간릴라), 모던양파 전시(작은나무 카페)

사부작 길동무 단체

단체명	홈페이지 · 블로그	전화번호
교육공동체 벗	https://commune but.com	02-332-0712
다정한재단	https://mapofound.net	
도토리마을방과후	https://cafe.naver.com/dotorimabang	070-8832-7231
동네책방 개똥이네	https://cafe.naver.com/dongneabook	02-338-0478
되살림가게		070-4121-7701
토끼똥공부방	https://www.facebook.com/Tokkiddong	070-4121-7701
마을예술창작소 공간릴라	https://www.facebook.com/leela2010	02-323-1575
마포경제네트워크 모아	http://www.mapo.network	02-3144-3315
마포발달장애인 문화창작소	https://m.blog.naver.com/mapo_culture	02-6956-1785
마포사회적경제통합 지원센터	https://maposehub.org	02-303-5284
마포영유아통합지원센터	https://sisomapo.com	02-706-0610
(사)마포희망나눔	https://mapohope.org	02-333-7640
무지개의원(마포의료 복지사회적협동조합)	https://www.facebook.com/mapomedcoop	02-326-0611
사람과마을	https://cafe.naver.com/sungmisansm	02-3144-6881
사회적협동조합 살판	https://www.facebook.com/artsalpan	02-338-3337
성미산공방	https://blog.naver.com/minigongbang	070-8953-4208

단체명	홈페이지 · 블로그	전화번호
성미산마을극장 향	https://sungmisantheater.modoo.at	010-8590-2709
성미산좋은날협동조합	https://sungmisangoodday.modoo.at	02-3144-3756
성미산학교	https://sungmisan.modoo.at	02-3141-0507
성산종합사회복지관	https://sungsan21.org	02-374-5889
언어치료 AAC센터 사람과소통	https://www.hanspeak.com	070-8118-7554
우리동생(우리동물병원생 명사회적협동조합)	http://mapowithpet.com/wordpress	02-335-3333
울림두레돌봄사회적 협동조합	https://woollimcare.com	02-3141-6041
울림두레생활협동조합	https://woollimcoop.org	02-3141-0505
함께주택협동조합	https://hamkkecoop.modoo.at	070-8260-7112
꿈이자라는뜰	https://www.greencarefarm.org	
나눔과나눔	http://goodnanum.or.kr	1668-3412
노들장애인야학	https://nodl.or.kr	02-766-9101
(사)노을시민공원모임	https://nogosimo.modoo.at	
마포도시농업네크워크	https://cafe.naver.com/mapofarm	
마포발달장애인 평생교육센터	http://www.mapoedu.or.kr	02-717-9557
마포장애인가족지원센터	http://mp.dfsc.or.kr	02-303-3618
마포장애인종합복지관	http://www.mapowelfare.or.kr	02-3272-4937
마포정신건강복지센터	http://mmhwc.or.kr	02-326-0611

단체명	홈페이지 · 블로그	전화번호
대구 안심마을(사람이야기 사회적협동조합)	http://coophumanstory.com	053-943-0445
사회적협동조합 두들	https://doodlecoop.modoo.at	0507-1328-9558
서울인권영화제	http://hrffseoul.org	02-313-2407~8
서울장애인인권영화제	https://420sdff.com	070-4047-5923
성적권리와 재생산정의를 위한 센터 셰어 SHARE	https://srhr.kr	
장애여성공감	https://wde.or.kr/about	02-441-2384
장애와인권발바닥행동	https://www.footact.org	02-794-0395
전국장애인부모연대	http://www.bumo.or.kr	02-723-4804
전국장애인차별철폐연대	https://sadd.or.kr	02-739-1420

사부작 응원하기

발달장애청년들이 마을에서 이웃과 더불어 사는 세상,
함께 만들어가요. 여러분의 응원이 있다면 가능합니다.
사부작은 공익법인(구 지정기부금단체)입니다.

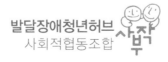

• **정기후원**

달마다 일정 금액을 자동이체로 후원하는 정기후원 회원이 되어주세요.
다음 페이지의 가입신청서를 작성하고 사진을 찍어서
이메일(sabujak2017@naver.com)로 보내주시거나
큐알코드를 찍어 자동 신청해주시면 됩니다.
매달 15일에 CMS 자동이체를 통해 후원금이 기부됩니다.
(15일에 잔액이 없으면 25일에 출금됩니다.)

• **비정기후원**

일시적인 기부로도 사부작을 응원할 수 있습니다.
후원계좌   농협 355-0077-9116-13
                 (예금주: 발달장애청년허브사부작사회적협동조합)

• **구독과 좋아요 그리고 댓글로 응원하기**

홈페이지   https://sabujak2017.modoo.at
페이스북   https://www.facebook.com/sabujak2017
네이버 블로그   https://blog.naver.com/sabujak2017
유튜브   https://www.youtube.com/@user-sn4ys2th2h

정기후원회원 가입 신청서

1. 회원 정보

이름 : _____   연락처 : _____

집 주소 : _____

이메일 : _____   별명 : _____

2. 후원 정보 (은행) : 매월 자동출금일 15일

예금주명 : _____   예금주 생년월일 : _____

예금주 연락처 : _____   은행명 : _____

계좌번호 : _____

출금금액 : 10,000원 / 20,000원 / 30,000원 / 50,000원 / 100,000원 /

  기타 (   )

3-1. 개인정보 이용 동의

- 수집 및 이용 목적 : CMS 출금이체를 통한 회비 수납, 회비납부 지로 및 소식지 발송
- 수집항목 : 성명, 생년월일, 연락처, 집주소, 이메일, 은행명, 계좌번호
- 보유 및 이용 기간 : 수집 · 이용 동의일부터 자동이체 종료일(해지일)까지
- 신청자는 개인정보의 수집 및 이용을 거부할 수 있습니다. 단, 거부 시 출금이체 신청이 처리되지 않습니다.

☐ 동의함   ☐ 동의하지 않음

3-2. 개인정보 제3자 제공 동의

- 발달장애청년허브 사부작은 신청자의 동의를 받아 개인정보 수집 및 이용 목적을 달성하기 위해 제3자에게 업무를 위탁하여 다음과 같이 개인정보를 제공합니다.
- 개인정보를 제공받는 자의 이용 목적 : 자동이체서비스 제공 및 자동이체 동의 사실 통지
- 제공하는 개인정보의 항목 : 성명, 생년월일, 연락처, 집주소, 이메일, 은행명, 계좌번호
- 개인정보를 제공받는 자의 개인정보 보유 및 이용기간 : 동의일부터 자동이체 종료일(해지일)까지 / 단, 관계 법령에 의거하여 일정기간 동안 보관
- 신청자는 개인정보에 대해 수납업체가 제3자에 제공하는 것을 거부할 수 있습니다. 단, 거부 시 출금이체 신청이 처리되지 않습니다.

☐ 동의함   ☐ 동의하지 않음

20   년   월   일   신청인 성명 :   (인)

정기후원신청서 작성 후 사진을 찍어 이메일(sabujak2017@naver.com)로 보내주세요.

2017년 겨울 사부작 출동식 포스터
2018년 함께주택에 둥지를 튼 사부작 오픈하우스

사부작청년 그림 동아리 '모던양파' 전시회 포스터
언제나 즐거운 훌라춤 동아리 '선샤인아놀드훌라'

사부작뮤직 〈운동〉 공연
사부작청소년 익스(가운데 안경 쓴)가 강사로 참여한 사부작뮤직 워크숍

발달장애인과
함께 살아가는 마을,

우리 동네
옹호가게는
어디인가요?

발달장애인을 환대하는
'옹호가게프로젝트' 포
스터

옹호가게는 **발달장애인을 환대하는 가게입니다.**
꼭 특별하게 친절한 가게가 아니어도,
서로 소통하고 이웃이 되는 가게는 모두 옹호가게가 될 수 있습니다.
옹호가게 프로젝트는 마포구 민관협치 사업으로,
마을의 옹호가게를 찾고 만들어가는 일을 하고 있습니다.

MAPO
2021 민관협치사업

옹호가게인 '베
로키오'에 모인
사부작청년들

옹호가게 '마덜스가든'(위)과 '광성마트'(아래) 앞에 선 사부작청년들

2021년 '발달장애와 마을포럼' 포스터

'노동을 말하다'를 주제로 한 2022년 포럼

'버블버블텍' 포스터와 버블버블텍을 즐기는 청년들

풍물패 '살판' 청년들과 밥을 먹는 '살고보자' 모임

사부작 활동가 꽃다지, 연두, 소피아